CONVERSION

歸 信

神如何招聚
祂的百姓

邁克爾・勞倫斯（Michael Lawrence） 著

王飛雪　譯

Conversion: How God Creates a People

Copyright © 2017 by Michael Lawrence

Published by Crossway

1300 Crescent Street

Wheaton, Illinois 60187

歸信：神如何招聚祂的百姓

作者：邁克爾‧勞倫斯 （Michael Lawrence）

翻譯：王飛雪

編輯：盧　靖　李茹君

特約編輯：臧玉芝

ISBN：978-1-958708-08-8

電子書 ISBN：978-1-958708-09-5

除非特別說明，所有聖經引文均來自新標點和合本聖經

版權所有©九標誌中文事工

歸信極其重要，卻常常遭人誤解。勞倫斯注意到了這一點，他對聖經有關歸信教導的解釋簡潔明白、令人信服。這本小書實在是一份大禮。

——狄馬可（Mark Dever），華盛頓特區國會山浸信會主任牧師，九標誌事工總裁

這是一本完備的門訓好書，教導清晰、切中時弊、簡明實用又忠於聖經。每一章的字裏行間都包含了重要的討論信息，涉及聖經中福音、歸信和教會的教導。非常感謝邁克爾·勞倫斯寫了這本書，我將會經常參考它。

——格勞瑞亞·弗爾曼（Gloria Furman），著有《牧師的妻子》（*The Pastor's Wife*）、《宣教型的母職》（*Missiona Motherhood*）、《活在他裏面》（*Alive in Him*）

這本書緊貼實際、清晰明瞭、實操性強、直切主題，勞倫斯以聖經為基礎、有力論述了歸信的本質及其必要性。這是一本優秀的著作。

——大衛·F·威爾斯（David F. Wells），哥頓-康威爾神學院傑出研究教授

本書忠於聖經，對牧者和會眾都非常有意義。當談到歸信

3

的過程時，邁克爾·勞倫斯一語中的：重生並非膚淺的、情緒化或出於人意的禱告結果。本書邀請你重新查考聖經，讓我們看到歸信從頭到尾都是出於神的工作，這應該能通過外顯的證據表現出來——出於愛的動機而順服基督的真門徒樣式，對所屬的地方教會信徒表現關懷和負責任的行動，以及聖潔生活與實踐福音的方式等等。歸信需要悔改，而悔改需要聖靈的工作。我很高興看到這本書能在這個時候問世。

——米格爾·努立茲（Miguel Núñez），多明尼加共和國聖多明各國際浸信會主任牧師，「智慧與誠信」事工主席

在這本重要的書中，邁克爾·勞倫斯清晰地概述了歸信的聖經神學，目的並不是表明歸信能使人變得更好，因為人們可能表現很好卻沒有歸信；另一方面，歸信也不只是一種純主觀的感受，因為人有可能覺得自己已經歸信而實際上並沒有。勞倫斯認為，歸信是由神開始的（使人重生），並在人身上結出果子（悔改和信心）。神的恩典如此豐盛滿溢，不僅令我們悔改信主，也促使我們加入神在基督耶穌裏新造的共同體中。簡而言之，歸信之後你會委身地方教會，成為教會的一員。我誠摯地推薦這本書！

——約納斯·馬杜雷拉（Jonas Madureira），巴西聖保羅改革宗浸信會主任牧師

真正的歸信並非徒有「不錯」的外在表現，也不是依靠多年前做過的一個決定。真正的歸信就是在基督裏重生，成為新造的人、擁有新的生命。本書對於歸信的講述合乎聖經，清晰而令人信服。它表明，正確理解歸信對於每個信徒的生活和每間教會是多麼的重要。我強烈推薦這本書！

——康斯坦丁・R. 坎貝爾（Constantine R. Campbell），三一福音神學院新約副教授

邁克爾・勞倫斯以其準確的神學理解和平實、易懂的語言，引導我們通過聖經瞭解什麼是真正的歸信，以及什麼可以作為歸信外顯證據的果子。我想將這本書送給我們教會所有成員。

——蘇格爾・米其林（Sugel Michelen），多明尼加共和國聖多明各市主耶穌聖經教會牧師

如果有一個主題是撒但一直試圖迷惑人的，那就是歸信的真正本質。讓那些事實上並未歸信的宗教人士誤以為自己已經歸信，這恐怕是讓他們走向地獄的最好方式。邁克爾・勞倫斯在本書中清楚講述了歸信的真正本質，他首先重申常被遺忘的、關於重生的真理，這是歸信的基礎，然後講述了這個真理如何付諸實踐。作者嫺熟的寫作技巧與睿智的教牧勸勉相得益

彰。我強烈建議，我們這些確信自己已經歸信的人也讀一讀這本令人受益的書，以免把別人引入歧途。

　　——康拉德‧姆貝韋（Conrad Mbewe），尚比亞盧薩卡卡布瓦塔浸信會牧師、尚比亞盧薩卡非洲基督教大學校長

獻給艾德麗安（Adrienne），
她對我的愛
每一天都提醒我想起福音。

「你們從前算不得子民，
現在卻作了神的子民；
從前未曾蒙憐恤，
現在卻蒙了憐恤。」
——《彼得前書》2章10節

目　錄

叢書前言

你認為建造健康的教會是你的責任嗎？如果你是個基督徒，這就是你的責任。

耶穌吩咐你建造門徒（參見太28:18-20）；猶大說要在至聖的道上建造自己（參見猶20-21）；彼得呼召你使用恩賜彼此服侍（參見彼前4:10）；保羅告訴你要用愛心說誠實話，幫助你的教會更加成熟（參見弗4:13、15）。你明白我們的想法從何而來了嗎？

無論你是教會成員還是領袖，建造健康教會系列叢書都會幫助你完成聖經的吩咐，使你完成建造健康教會的托付。另一方面，我們也希望這些書能使你更愛你的教會，就像基督愛教會一樣。

九標誌計劃依照健康教會的九個標誌，為每一個標誌寫一本短小易讀的書，同時還加上幾本為純正的教義、禱告和宣教所寫的書。請密切關注我們關於解經式講道、聖經神學、福音、歸信、福音佈道、教會成員制、教會紀律、門徒訓練、教會帶領的書籍。

地方教會當向全地彰顯神的榮耀。我們藉著注目基督耶穌的福音，信靠他的拯救，彼此相愛，在神的聖潔、合一和相愛中做成這一切。我們禱告，你手中的書會幫助你，給你盼望。

狄馬可（Mark Dever）

約拿單・李曼（Jonathan Leeman）

叢書編輯

序　言

　　最近，我和一位朋友談論起他的兩個已成年的子女，他很擔心他們。他們並非癮君子，對派對也沒興趣。他們與父母和朋友關係都不錯；他們考上了一流的大學，成績優異；他們體格健康、志向遠大，看起來一表人才、富有魅力。如果他們是你的孩子，你肯定會為他們感到驕傲，就像我朋友一樣。不過，你還是會為他們擔心，因為他們似乎對耶穌基督興趣不大。更糟糕的是，兩人還都自認為是基督徒。

　　這兩個孩子都是在教會長大的。他們在主日學學習聖經，也積極參與青年團契，外表看起來並不叛逆；他們都做了「決志禱告」，也都受了洗；他們離開教會去上大學之後，仍然保持著在教會中的良好道德行為，但是⋯⋯

　　差不多可以說他們已經把耶穌拋在了腦後。儘管沒有放棄「基督徒」的名號，但他們對基督徒生活不再有興趣。

　　你應該明白我的朋友為什麼擔心了。他的兩個好孩子認為自己不再需要耶穌，因為他們覺得自己已經信耶穌了。然而，他越觀察他們成年後的生活樣式，就越不相信他們真的認

識耶穌。

　　我在一間教會服侍時，曾與很多父母進行過類似的交流，這種交流讓人心碎，尤其是因為這些父母感受到一種背叛：他們確實已經按照聽到的教導去教養孩子了啊！他們認真地撫養孩子長大、帶領孩子做決志禱告、去教會、讓孩子參加各種各樣教會的課程和活動……他們做這些事時都滿懷信心地期待，這樣的方式能讓孩子們也愛耶穌。

　　然而，這些並沒有奏效。

　　讀到這兒，你或許以為我會圍繞如何教養子女寫一章或者一本書，但這件事還是留給更有負擔和經驗的人做吧！話說回來，我並不清楚是否是教養出了問題才導致孩子們無法愛耶穌的。我們教會裏有很多盡職盡責的父母也和我朋友一樣處在這個困境中。

　　我建議我們先把教養子女這個話題放到一邊，來關注另外兩個問題。首先是一個神學問題，這裏特指歸信神學。其次是如何將歸信神學應用到我們的教會中？如何在實踐中表達我們所宣信的真理，藉此活出信仰呢？

　　太多的時候，我們聲稱相信的神學和實踐中體現的神學完全不是一回事。我們嘴上說重生讓我們在基督裏成為新造的人，但實際教導孩子的卻是一種無神論者也能夠複製的道德主義。

我們嘴上說基督信仰是信靠耶穌的關係，但對待這個關係卻像在盒子裏抓鬮那麼隨便。

我們嘴上說只有聖靈能將一個人從黑暗國度遷到光明的國度，但採用的方式卻是像說服人更換牙膏品牌的營銷手段。

一次又一次地，我們在教義聲明中關於歸信的主張，與教會的實際做法或事工模式並不相符。所以最終孩子們變得不像是真基督徒，我們不該為此感到奇怪。

當然，這個問題不僅僅影響到了父母和孩子，還影響到了會眾。當我們在一次福音大會中得著的歸信者，在下一波「福音復興特會」到來時卻不見蹤影。當會眾將教會生活視為一種與運動或度假並列的可選項時，當奉獻金錢的人數和來教會的人數遠遠低於教會成員的總人數時，當社交活動之外的服侍很難招募到同工時，問題可能不是我們傳福音的技術不佳、領導力不足、敬拜儀式無趣或者同工管理不當，而是我們實踐歸信神學時出了問題。我們常常是在治標，但實際需要的是治本。

這正是本書的目標。

在接下來的章節中，我會仔細查考聖經中與歸信教義有關的內容。但我不想止步於此，我還會探討這個教義應該對教會生活產生什麼影響：從我們傳福音的方式，到我們的成員制度和門訓實踐，再到我們如何看待整個教會。

換句話說，這本書既是關於教義，也關於實踐；既關於歸

信，也關於教會。畢竟，神藉著歸信耶穌招聚了祂的百姓。你如果告訴我某人所信的歸信教義，我就可以說出他所在教會大概是什麼樣的；或者如果你告訴我他的教會是什麼樣的，我就可以描述出他們教會實踐上的歸信教義——不管他們是否將其白紙黑字地寫出來。教義蘊含在教會生活中。

因此，正確理解歸信神學不僅意味著有正確的神學，也意味著發展能夠正確反映和堅固神學信仰的事工實踐。

好的神學也應該是實用的神學，否則就是名不副實。

第一章

新人，而非好人

重生的必要性

在前言中我提到，一位朋友擔心自己品行端正的成年子女並非真正的基督徒。你可以說他們是「好」人，卻不能說是「新」人——新造的人。

他的擔憂引發了我對歸信教義及其如何在教會生活中應用的思考。正確理解歸信教義並將其付諸實踐，兩者對我們來說都非常重要。教會應該相信，神定意使人成為全新的人，並非只是表現良好的人。然而教會不僅要能從理論上闡明這一點，也應該在教會生活中應用出來。那應該是什麼樣子的呢？

聖經中有兩段非常重要的經文，可以幫助我們理解歸信。要回答這個問題，先知以西結與主耶穌都可以幫助我們。我們先來看主耶穌的話，祂說我們必須「重生」，才能進入神的國。耶穌在對一個名叫尼哥德慕的法利賽人說話的時候，特意談到了這一點：

耶穌回答説：「我實實在在地告訴你，人若不重生，就不能見神的國。」尼哥德慕説：「人已經老了，如何能重生呢？豈能再進母腹生出來嗎？」耶穌説：「我實實在在地告訴你，人若不是從水和聖靈生的，就不能進神的國。從肉身生的就是肉身；從靈生的就是靈。我説：『你們必須重生』，你不要以為希奇。風隨著意思吹，你聽見風的響聲，卻不曉得從哪裏來，往哪裏去；凡從聖靈生的，也是如此。」（約3:3-8）

「好」的吸引力

認識到「好」的強大吸引力很有必要。

尼哥德慕和其他法利賽人都相信，只有成為「好」人才能進入神的國。具體到他們自己，就是要成為一個「好」猶太人：遵行摩西的律法，去聖殿朝見神，獻上各樣合宜的祭物，遠離外邦人。我並不是説尼哥德慕覺得自己已經是完美的「好」猶太人了，可能他認為自己應該變得更「好」，而這或許就是他起初去找耶穌的主要原因。但歸根結底，他所追求的是在道德層面上稱義，畢竟他相信「好」人才能進入天國。

當今時代有很多不同類型的「好」：比如那種做人有禮

大度寬容的「好」；有公眾意識和政治參與方面的「好」；眾多不同的宗派或信仰群體都有他們在宗教意義上的「好」；有屬靈而非宗教層面的「好」；在我生活的小城裏，甚至還有一種所謂的「波特蘭式好」，它是一種避免沖突的處事方式——即便我心裏正論斷、鄙視著你，表面上也不會讓你覺得不舒服。

　　儘管「好」的類型已經如此多樣，但在過去兩千年裏，「好」對人的吸引力卻沒怎麼變。做一個好人、一個不錯的人、一個正在變得更好的人……無非都是為了讓人們自我感覺良好。這種道德上自我證明的吸引力，就是我們現代社會中各種形式的「好」與尼哥德慕所認同的「好」的共通之處（參見路10:25-29）。「好」讓人心安理得地向他人證明自己，甚至是在神面前證明自己，讓人有了自以為義的資本，能向所有人證明自己的生活方式是正確的。「好」真是太迷人了！

關於「好」的假設

　　「好」對於人的吸引力通常源於三種觀念：一種是樂觀主義的人類觀，一種是教化主義的上帝觀，還有一種是致力於道德上自我變革的宗教觀。從根本上來說，尼哥德慕假設自己能夠做到所有當做的事，所以他可以在神面前自我證明；他假設

神會悅納他盡自己最大的努力，還假設宗教的目的是幫助他變成一個更好的人。這就是他關於「好」的邏輯——神希望我做個好人，而我有能力做好，宗教會助我一臂之力。

　　沒有哪間教會特別教導那種追求「好」的教義。事實上，他們的教導往往都符合真理。然而，同樣是在這些教會裏，很多人認為，只有自己變得多好才會被神接納。在客廳的沙發上和養老院的床前，我聽過太多這樣的話：「我的確不完美（從來沒有人說自己是完美的），但也足夠好了。」

　　你理解尼哥德慕的意思嗎？我是理解的。當我還是一個年輕的大學生時，我就開始擔心神不會接納我。於是我就和神展開了這樣一段簡短的對話：「神，我要戒酒了；神，我要開始讀聖經了，我還要更頻繁地去教會⋯⋯所以請你不要把我扔進地獄，讓我進入天堂吧！」尼哥德慕和我有相同的假設：我可以做得很好，神會為此深受感動，宗教會助我一臂之力。這可不是一個異教徒的禱告，而是一個從小在教會裏長大、聽過無數次福音、並且自認為是基督徒之人的禱告！因此，追求「好」行為的宗教與我——就像每一個墮落之人那樣——所渴望的深相契合。我希望能自稱為義，而方法就是讓自己變「好」。

　　「世界紡織工」（World Weavers）①有一個專案，很好

_____

① 一個由泰國非政府組織「血液基金會」所支持的一項專案計畫。

地概括了宗教在自稱為義的構想中所扮演的角色。這個專案讓人們只花很少的費用，就可以在一個月裏沉浸式體驗不同的信仰傳統。他們可提供「佛教僧侶一個月體驗」、「穆斯林一個月體驗」和「法塔裏教（Rasta Roots）靈性體驗」等專案。[②]他們主張說，無須皈依或變成一名真正的信徒，宗教就可以幫助人們變得更好、更優秀，而且無論哪種宗教都能達到這個目的。

「除去文化的外包裝，所有宗教本質上都一樣」，這個假設正是眾多西方人完全放棄宗教的深層原因。如果我的目標不過是今天比昨天做得更好，那我為什麼一定要借助於宗教呢？當然，我們真正需要回答的問題是，我應該按照誰的標準來衡量自稱為義的體系呢？我自己的？社會的？哪個社會的？還是神的？如果宗教只不過是幫助我們自我提升的工具，那我們為何不放棄在道德和宗教層面自稱為義，而採用個人成長和自我接納的心理療法呢？那樣我們會感覺更輕鬆愉悦！畢竟從上個世紀起，醫學人士就一直這麼説。

我想強調的是，「好」對人的吸引力，不僅在於它迎合了我們想自稱為義的驕傲慾望，更重要的是它還除去了我們在神面

---

② 想更多瞭解關於這個專案的案例和理念，請訪問「World Weavers」網站中如下兩個頁面：http://www.worldwaivers.com/cambdia-spirital-adventure 以及 http://www.worldweivers.com/about-us。

前稱義的必要性。它用良好的自我感覺取代了與神和鄰舍建立正確的關係，麻痺了人的罪疚感，虛假地撫慰人的焦慮不安，並讓人產生一種錯覺，即在末日審判時人可以掌控自己的命運。

「好」的表現方式

在我們福音派教會中，「好」背後的自我稱義企圖很難察覺出來，原因是我們幾乎從來沒聽到過關於它的明確教導。實際上，未重生的老我天然就有這樣的傾向，它尾隨著我們走進教會，就如同我們帶著戶外的氣息走進室內一樣——你很難聞到自己身上的氣味，因為你已經習慣它了。但這種「氣味」有很多種表現方式：

- 我們譴責世人的罪多過譴責自己的罪。
- 我們常常把罪劃分為不同的等級，能容忍其中某些罪（尤其是我們自己的罪），卻無法容忍另一些罪。
- 在教會裏，我們唱的詩歌、做的禱告都關乎讚美，而不是悔改。
- 我們經常把自己的罪稱為「過錯」。
- 我們經常用聖經故事來教導孩子們做個好人，而不是引導他們歸向救主耶穌基督。例如，我們告訴他們「要做

大衛一樣的人」，而不是說「你需要的是新的、更好的大衛，就是基督。」

這樣一來，我們把教導「好」行為變成了我們呈現基督的主要方式，把基督與福音當作一種自我提升的方法來傳揚。我們並非不再談論十字架乃至罪，而是把罪說成是一個問題，因為它擾亂了我們的生活和人際關係，阻礙我們達成目標。我們還把耶穌基督說成是可以改變這些困境的那一位。我們告訴人們，耶穌能改變他們的婚姻狀況和親子教育，會給他們的家帶來愛、喜樂和平安，還可以更新他們的工作目的。快到耶穌這裏來吧，祂能改變你的生活！

沒錯，耶穌確實能改變信徒的生活，但祂並不是通過我們想要的方式來讓我們過上「更好的」生活。畢竟，我們要看看耶穌是怎麼說的：「若有人要跟從我，就當捨己，背起他的十字架來跟從我。」（太16:24）這意味著，耶穌可能會改變你的婚姻，但改變的方法是：賜你夠用的恩典，讓你能與一個不再愛你的配偶白首偕老；讓你成為一個主動給予者，帶給你的家庭愛、喜樂和平安，而不是一個被動接受者；通過改變你的態度來更新你的工作目標，而不是通過改變你的職位。

當我們把耶穌當做一種解決方案來處理我們生活中的問題時，並不能令許多不認識耶穌的人信服。他們會繼續玩讓自己

變「好」的遊戲，因為他們不認為非要去教會才能讓自己變得更好，也看不出來我們這些基督徒就比他們表現得更好。

　　與此同時，教會內的人也會困惑於這個問題：基於聖經的基督信仰究竟是什麼？我們中有太多的人在教會中學到的是關於變「好」的信息，這些信息指向的是應許要提升我們的耶穌，而不是呼召我們捨己的耶穌。這些教會沒有先確認我們是否已經成為新造的人，就開始教導我們要成為「好」人。恐怕這就是為什麼許多朋友的孩子都遠離了基督信仰的原因。他們從未放棄讓自己變「好」的努力，只不過他們發現不需要耶穌也可以變「好」。

「新造」的必要性

　　「好」的吸引力很強大，它迎合了我們的虛榮與驕傲。但是，在《約翰福音》第3章中，耶穌三次提醒我們重生的必要性：

- 「人若不重生，就不能見神的國。」（第 3 節）
- 「人若不是從水和聖靈生的，就不能進神的國。」（第 5 節）
- 「你們必須重生。」（第 7 節）

　　如果想在神面前稱義，我們需要的不是完善自己，而是徹底的重新開始。事實上，聖經使用了幾個神學概念來描述耶穌的意思：

- **重生**：意味著父神藉著耶穌基督從死裏復活重生了我們，這強調了新生命的神聖起源。（參見彼前1:3）
- **新造**：意味著在基督裏成為新造的人。（參見林後5:17；加6:15）
- **新人**：意味著被賦予了新的性情。（參見西3:10）

我們裏面必須發生根本的變化。但聖經從來沒有把耶穌所說的意思描述為「改革」。你可以改革一間教會，但你改革不了一顆死去的心。耶穌說，我們需要的個人改變要深入得多，它觸及我們的本性。

　　聖經告訴我們，神創造我們是為了讓我們敬拜祂、愛祂，並在祂裏面得到最深的滿足。這是我們最初被造時的本性。但是，當人類的第一對父母亞當和夏娃決定悖逆神時，他們不僅違反了神的規則，也敗壞了自己的本性。神學家們稱之為「原罪」，我們所有人都繼承了它——被造時的天性是愛神，而如今生來專愛自己。保羅說，自從出生開始，我們就死在過犯罪惡之中，並隨著肉體的私慾去行（參見弗2:1-3）。我們就像死

人一樣行事，這就是為什麼追求「好」沒有用，而是必須被神重新創造。

「好」的問題與「新」的應許

重生的必要性源於五個方面的聖經真理：人的無能、神的聖潔、福音的恩典、聖靈的大能和屬神子民的新造。

第一，人的無能。耶穌將肉體與聖靈（也就是我們與神）作了一個根本的區分：「從肉身生的就是肉身；從靈生的就是靈。」（約3:6）無論我們的肉身有多好，也無法生出與神建立正確關係所需要的屬靈生命（亦參見羅8:5-8）。問題不在於我們已經很努力但努力得不夠，也不在於我們的動機是好的結果卻走偏了路，而在於我們有罪的本性渴望取悅的是肉體，而不是神。即便我們為人處世道德高尚，但我們的動機是錯誤的——為了自稱為義、榮耀自己，而不是榮耀神。這就是為什麼聖經將我們描述為死人而不僅僅是病人的原因之一（參見弗2:1-3）。我們就像死人一樣，無法為著神的緣故而愛神。

第二，神的聖潔。更重要的是，神完全不同於我們。聖經毫無保留地描述了神的聖潔。神的聖潔意味著祂與我們處於完全不同的範疇：祂全然無罪，無比榮耀；祂全然良善，不能容忍罪。我們藉著自己的好而表現出的良善，無法蒙神悅納，因

為我們是為了自己的榮耀，而非神的榮耀（參見賽64:6）。所以，我們都伏在神的審判之下，這也是聖經稱我們為死人的另一原因。這樣的審判是我們應得的。

　　第三，福音的恩典。然而有個好消息：神是滿有恩慈的！祂主動來救贖我們。當我們還做祂仇敵時，神就差遣祂的兒子耶穌基督道成肉身，並活出了我們最初被造時應有的樣子。耶穌並沒有追求提升自己變得更好，也沒有追求更舒適的生活，祂活出的是完美、無罪、完全榮耀神的生命。然後，祂在十字架把自己的生命獻上為祭，擔當了所有願意轉離自己的惡行並信神之人的罪，承受了從神而來的忿怒。第三天耶穌從死裏復活，表明神悅納了祂的贖罪祭。

　　第四，聖靈的大能。不過，以上僅是神主動救贖我們的開始。在《約翰福音》第3章，耶穌談到聖靈的工作，祂將聖靈比作我們無法掌控的風。當神重生我們時，聖靈立刻使我們與基督聯合。在這種聯合中，聖靈把聖子已做成的全部成果——祂復活的生命、公義和恩典——全部歸到了我們身上。這種聯合改變了我們的本性，賜給我們新的生命，使我們成為新造的人。接著我們在悔改和信心中轉向基督，因祂的恩典而稱義，並被收養進天父的家裏，在愛與信靠的關係中跟隨祂。

　　第五，屬神子民的新造。遠在耶穌與尼哥德慕對話之前數百年，神就已經藉著先知以西結發出應許，要將祂的恩典和聖

靈賜給我們，祂還應許要使我們作屬祂的子民。

> 我也要賜給你們一個新心，將新靈放在你們裏
> 面，又從你們的肉體中除掉石心，賜給你們肉心。我
> 必將我的靈放在你們裏面，使你們順從我的律例，謹
> 守遵行我的典章。你們必住在我所賜給你們列祖之
> 地。你們要作我的子民，我要作你們的神。我必救你
> 們脫離一切的污穢⋯⋯（結36:26-29a）

神透過基督的工作成就了這個應許——祂使我們成為新造
的人，賜給我們祂的聖靈，使我們成為屬祂的子民，也赦免了
我們一切的罪。

為什麼重生的教義對基督徒很重要

神使我們成為新造的人，這一真理對教會生活影響巨大，
無論是從群體而言還是從個人而言。

讓我們先從個人開始談起。基督徒有一種全新的性情，即
親近神而不是遠離神。約拿單・愛德華茲（Jonathan Edwards）
把重生者描述為一個嚐過神滋味的人，就像一個人嚐過蜂蜜
後，對其甘甜滋味已有瞭解一樣。這並不意味著基督徒就不再

犯罪了，而是他已不再受舊性情的轄制，他受基督掌管了，因為基督徒有了新的性情，對神有了新的渴慕。新造的生命可能只是一粒種子，但是種子會逐漸長大。

這一點對於前言中我提到的那位朋友的孩子們來說意味著什麼呢？首先，他們需要認識到：一個人成為基督徒並不是作一個禱告，然後努力讓自己變得好；真正的基督徒是一個內心被神恩典改變的人，是以悔改和信心為特徵，渴望與神同在，更多認識神的人。第二，這也意味著教會不應該急於把洗禮當作歸信的確據，而應該鼓勵孩子們自己省察是否有信心（參見林後13:5）；鼓勵他們尋求聖靈所結的果子（參見加5:22-23）；鼓勵他們效法耶穌捨己去愛，而不是追求道德上的自義（參見約壹4:7）；透過愛基督裏的弟兄姊妹，追求與神之間的愛的關係（參見約壹3:10，4:21）。他們還需要看到，重生是神的工作，無法靠著人的努力實現。

如果這兩個好孩子接受過這些教導，他們可能仍會長大成人、上大學，仍然保持良好的品行，實際上卻並未與基督同行……但是他們不會被蒙蔽，誤以為自己是基督徒。他們會明白，自己不過是個好孩子，僅此而已。另一方面，聖靈可能會使用這種教導來刺痛他們的良心，喚醒他們擺脫自滿自足，並將他們帶入基督裏的真信心之中。

為什麼重生的教義對教會很重要

　　當然，重生的教義不僅影響我們對個人歸信的理解，也影響我們對教會群體歸信的理解。

　　我們再來看看《以西結書》36章26節至28節。這幾節經文中的人稱代詞都是複數形式，若按美國南部英語，翻譯成「y' all」（你們全都）會更好一些。聖靈重生的工作使得一群新造的人在神的律法下共同生活：聖靈不僅使我成為一個新造的個體，還使我成為神新造的子民中的一份子。聖靈將神的律法刻在我的心版上，教導我愛鄰舍，尤其是愛基督裏的弟兄姊妹。聖靈指教我，在主裏的生活包括與神的子民一起生活，就是教會的集體敬拜與共同生活。

　　這就是為什麼約翰說，如果你說你愛神，卻恨你的弟兄，就是說謊的（參見約壹4:20）。這也是為什麼保羅說，猶太人和外邦人已經合而為一，成為一個新人了（參見弗2:13-16）。重生不僅使我們有愛神的心，也使我們有愛神子民的心。

　　地方教會應該是一個由新造之人組成的共同體。因著我們的愛與順服的行動，我們有力地見證了福音的基要真理。一個單獨的基督徒可能被世人視為異類並因此視而不見，但當兩三個基督徒在一起時，想無視他們就會困難一些。而當五個、十個、五十個、一百個基督徒共同生活在一個充滿恩典和愛的團體中時，他們所傳達出的信息就不容小覷了。

不過，反之亦然。當教會看上去更像世界而不是更像基督時，我們實際上是在宣講另一個福音——可能是一個關於「好」人的福音。

那麼，我們如何做才能確保我們的教會是一個重生的共同體，一起傳揚是耶穌基督福音的大能使人成為新造的人呢？下面是一些建議：

- **重視教會成員制。**我們不想追求聚會的出席率。實際上，我們希望盡可能多的非基督徒參加聚會。我們希望教會成員是由重生的信徒組成，因為他們能正式代表教會對世界發聲。

- **與申請加入教會的人面談。**教會的長老應該與申請加入教會成員的人面談，不是為了確定他的行為表現如何，而是為了看看他是否有重生的表現。

- **鼓勵成員分享悔改的見證，而不是樹立道德典範。**當教會成員有機會在公開場合聽到彼此的見證（通常是那些認罪並獲得饒恕的見證），門徒訓練的模式就從追求自義轉變為效法基督。

- **執行教會紀律。**糾正性教會紀律其目的並不是要排斥壞人，任何人都不應僅因為犯罪就被排除在外。當一個認信的基督徒陷入罪並拒絕悔改時，教會就要執行紀律，

因為陷入罪並拒絕悔改不是新造之人的性情。

- **將洗禮、教會成員制和主餐關聯起來。**這三者不是彼此獨立的，而是從三個不同角度實踐關乎重生的事實。三者適用的標準都是一樣的——不是表現「好」，而是悔改與信心。

我們必須成為新造的人。而藉著聖靈和福音，我們已經成了這等人。

第二章

得救，而非真誠

神的工作，不是我們的

2009年我在華盛頓生活時，原本在賓夕法尼亞州長期供職的共和黨參議員阿倫・斯佩克特（Arlen Specter）加入了民主黨，當時正是他面臨共和黨一項重大挑戰的前夕。這已經不是斯佩克特第一次為了贏得選舉而改變黨籍了。

兩年前，在大西洋對岸，托尼・布萊爾（Tony Blair）一辭去英國首相職務，就宣佈自己要皈依羅馬天主教。這個時機選得很恰當，因為他之前擔任首相時要負責推選領導英格蘭教會的坎特伯里大主教。他自己並不信奉英國國教，卻要負責為教會推選領袖，這不僅令人尷尬，還會引發憲法上的爭議。

上述對信仰的皈依很難不令人懷疑。兩個例子中的當事人似乎都是為了滿足當時的政治需要。

如今談到改變，特別是改變宗教信仰時，不難發現犬儒主義的做法很普遍。它往往看起來更像是政治上的權宜之計——

改變效忠的對象，而非內心真正的改變。羅馬帝國的武力促成歐洲人信奉基督教，亞洲所謂的「吃教者（Rice Christians）」皈依基督教則是為了物質利益，伊斯蘭教擴張的方式與之類似，而印度教和佛教在印度次大陸上發展起來依靠的是政治和軍事手段。

有鑑於此，至少從第二次大覺醒（18世紀 90年代至19世紀50年代）以來，福音派基督徒就不再只強調「認信」，還開始強調對信仰的真誠。畢竟，似乎只有真誠與否才能區分出假冒偽善者與真正歸信者。對此，芬妮·克羅斯貝（Fanny Crosby）說得非常明確：「即使是最卑劣的罪犯，在他真正相信的那一刻，也會得著耶穌的赦免。」[①]通常來說，真誠的信仰可以通過某種情感或者可見的行動表達出來，比如一邊高舉雙手或沿著教堂長椅間的過道走向講臺，一邊流著喜悅和悔改的淚水。

多真誠才算真誠？

這是我成長過程中的歸信經歷：我在「深南」地區（Deep South）[②]注重傳福音的教會中長大。在那裏，每個主日禮拜結

---

① Fanny Crosby, "To God Be the Glory," 1875.

② 即美國南部的喬治亞、阿拉巴馬、密西西比、路易斯安那和南卡羅來納州，是美國最保守的地區，宗教信仰傳統深厚。

束後往往會有呼召人信主的環節，以此來回應講臺的信息。這與葛培理（Billy Graham）在電視佈道結束時的呼召方式很類似，傳道人呼召聽眾作出回應，並帶領大家唱最後一首讚美詩——也許是重複唱幾次——等待回應。我上二年級的時候，在一個主日晚堂的禮拜中作了回應。儘管所有環節事先都已經安排好了，但當我走過教會的走廊、握住傳道人的手，聽到他充滿信心地宣告說「如今你已經是神的孩子了」時，我真是又戰兢又興奮。

　　不過，這種歸信經歷帶來的後果之一就是不確定感：我不確定自己是不是真的歸信耶穌了，因此後來我經常目睹另一儀式。我們的青年合唱團經常去不同的教會獻唱。在大多數晚堂聚會中，當牧師等待會眾回應時，我們會反覆地唱最後一首讚美詩。然而，在最後一晚的聖壇呼召中，幾乎每次都是我們合唱團的孩子率先走到臺前回應，年齡較大的孩子們會帶頭走上來，再次將自己的生命獻給耶穌。

　　為了防止我們剛離開幼兒園時並沒有真信主，或者青春期的罪惡誘惑讓我們對童年時代的歸信產生懷疑，我和我在青少年合唱團的同伴都想確保一件事，即沒有人——尤其是我們自己——有任何理由質疑我們信仰上的誠意。於是，我們擠在講臺上彼此擁抱、流淚，將我們的歸信經歷重來一遍。

　　既然有人指責說，宗教的歸信無非是為了社交便利而改變

25

效忠對象，那麼強調真誠真的能回應這些指責嗎？基督徒的歸信與改變黨籍、變成素食主義者或轉換一下生活方式沒有什麼區別吧？

儘管我們對待信仰必須真誠，但聖經中關於歸信的第一句話其實與信徒的真誠與否無關。這句話說的是，神主動介入我們生活。當神在我們身上做工時，我們就成為具有新性情的新造的人。聖經沒有說「真誠」，說的是「得救」（參見徒2:21）。

但是從哪裏得救？怎麼得救？為什麼得救？把人救贖到哪裏去？救贖的目的是什麼？我們將在本章中回答這些問題。不過與上一章所提到的一樣，我們不僅應該關注正確的教義，還應關注正確的教會實踐。教會是蒙恩得救者的共同體，而不僅僅是感情真誠者的組織。

從神的忿怒中得拯救

保羅在《以弗所書》第2章中告訴我們，我們死在過犯罪惡之中。這就是為什麼我們必須成為新造的人，而不僅僅是上一章中所提到的變「好」。「死」不僅表示我們無力改變，而且還處在神的定罪之下。我們「本為可怒之子」，是神震怒的對象。

別忘了，神按照祂的形象創造了我們，讓我們可以像祂兒子一樣活著，就如同人們常說的「一個模子裏刻出來的」。但我們卻偏行己路，追求自己的榮耀。我們沒有像王子那樣行事為人，而是試圖推翻這位大君王，因此淪為可怒之子。

許多人認為，神對落入地獄的罪人的審判是讓人「求仁得仁」——過沒有神的生活。地獄的確是沒有神的愛的地方，但也是神在公義中顯明自己、讓罪得到應有懲罰的地方。這就是神的忿怒，我們必須從中被拯救出來。

- 你發怒的時候，要使他們如在炎熱的火爐中。耶和華要在他的震怒中吞滅他們；那火要把他們燒盡了。（詩 21:9）
- 他必按人的行為施報，惱怒他的敵人，報復他的仇敵……（賽 59:18）
- 所以，要治死你們在地上的肢體，就如淫亂、污穢、邪情、惡慾和貪婪（貪婪就與拜偶像一樣）。因這些事，神的忿怒必臨到那悖逆之子。（西 3:5-6）

神是良善的，祂必會讓不義和罪惡得到應有的報應，而我們每一個人都犯了罪。

這一點對我們傳講福音影響極大。在傳講福音時，我們

必須講明神的公義和忿怒。然而，教會很容易淡化這些基本真理，從而歪曲了福音。與談論地獄和神的忿怒相比，談論神救我們脫離無目標的生活、脫離自卑和不幸則容易得多。因此，我們把耶穌視為那些主觀的個人問題的解決方案。我們說：到耶穌這裏來吧，祂會賜給你目標和意義！問題是，主觀問題的解決方案也是主觀的。我也許選擇了耶穌來獲得目標感，但我家附近的一位朋友真誠地選擇了一份職業來獲得目標感。誰能評判哪一個選擇更好呢？兩者都是主觀的。

當我們未能宣講神的公義並且藐視神的忿怒時，我們傳講的就是別的「福音」。我們把它從神客觀的救贖變成了一種主觀的、實現個人願望的途徑。

忠心傳講神的忿怒並非易事。但今日的教會應該思考的是，如何傳講神公義、良善地恨惡罪惡才能影響到會眾呢？在傳福音時，我們可以從身邊任何一種令人憤慨的道德問題談起，然後轉到神對我們的罪的忿怒。在兒童主日學和青少年團契中，我們必須強化這樣的教導，即人最大的問題是神的忿怒，而非主觀上的不快樂；在門徒訓練中，我們需要尋找機會教導，如何通過聖經認識神的權能與良善。整體而言，我們的教導必須強調，神的審判決定並保障了人的終極價值。正如布魯斯‧沃爾特克（Bruce Waltke）所說的：「人們之所以否認最終審判的教義，是因為他們並不想賦予生命這樣一種尊嚴，即現在的選擇會決定性地，最終地影響著他們永恆的未

來。」[3]但這種尊嚴恰恰是神賦予我們的，而當我們犯罪時，這尊嚴也藉著祂的忿怒反映出來。

簡而言之，神的忿怒並不是涉及幾節經文的、無關緊要的問題，而是基督教世界觀形成的核心。如果我們沒有努力講明壞消息意味著什麼，那麼好消息也將失去意義。

靠神的恩典得救

如果我們要從神的忿怒中得蒙拯救，就必須依靠神的恩典。在《以弗所書》2章8節中，保羅再次強調：「你們得救是本乎恩，也因著信；這並不是出於自己，乃是神所賜的。」

我們吃飯之前都會做「感恩禱告」（「say grace」，直譯為「說出恩典」——譯注），但沒有人能「說出」恩典，我們只能接受恩典，因為恩典是一份禮物。從定義來看，禮物不是我們應得的（若是應得的，就是我們所說的工價），也不是我們所能要求的（若是要求的，就是我們所說的權利）。恩典只能給予或接受。在保羅心中，這份極其寶貴的恩典禮物就是，神藉由耶穌基督在十字架上的替代性贖價赦免了人的罪。因為基督擔當了許多人的罪，承受了神的忿怒，所以天父恩慈地將

---

③　Bruce Waltke, *The Book of Proverbs: Chapters 1–15,* New International Commentary on the Old Testament (Grand Rapids, MI: Eerdmans, 2004), 211.

救恩賜予所有悔改並相信基督的人。

　　神賜恩典的這個事實，對道德主義者提出了挑戰，他們認為人可以自我潔淨，在神的面前自稱為義。它還抨擊了人的驕傲——無論是以為「神絕不會赦免我」還是「我不需要神的赦免」，使真正的信心歸回其位。

　　讓我們再來看最後一點。保羅說，我們得救是本乎恩，也因著信。恩典是救贖之本，信心是救贖之法，這意味著我們不是靠著信心得救，而是靠著恩典得救。信心只是接受了、信靠了這份恩典。這就是為什麼馬丁‧路德（Martin Luther）強調我們得救惟獨藉著信心。羅馬天主教的教導是，只有我們與神合作做善事，特別是在做彌撒時，神的恩典才會臨到。然而，路德教導說，無須與神合作行善，只需要單單藉著信心就能領受神的恩典。因此要明確一點，拯救我們的不是信心，而是恩典。

　　假設我們誤認為是信心拯救了我們，會帶來什麼影響？如果是這樣，那麼真誠就變得至關重要了。我們會將信心視為某個舉動——一次決志禱告、一個決定、在卡片上簽名、舉一下手——而不是人一生的歸信。問題在於，我們永遠無法確定自己是否足夠真誠，那麼不安全感就會隨之而來，由此就產生了一種重新奉獻的文化。焦慮的孩子們一遍又一遍地作「決志禱告」，青年人在一次次青年退修會中重新奉獻自己，成年人也

是這樣。所有人都希望，自己這次表達的信心會足夠真誠。

我們會在下一章中進一步討論信心的問題，但現在要強調的是，信心並不是一種神按著其強烈程度來評估的情感。信心就是信靠，所信靠的對象至關重要。所以，正如芬妮‧克羅斯比（Fanny Crosby）所說的，真正的問題不是「你是否真心相信」，而是「你所信的是誰」。

我擔心，許多福音派教會培育了一代焦慮的基督徒，他們不斷審視自己的信心。而實際上，教會必須在基督裏持續地將人引向那位良善、慷慨、賜下奇異恩典的神。我們相信，我們得救依靠的是神以及祂的恩典，而不是我們情感的強烈程度。

因神的愛而得救

神為什麼要救贖罪人？因為祂愛他們。我們再來看《以弗所書》2章4至5節：「然而，神既有豐富的憐憫，因他愛我們的大愛，當我們死在過犯中的時候，便叫我們與基督一同活過來。你們得救是本乎恩。」（另見多3:4-5）

這就是聖經從始至終講述的得救之路。儘管我們犯罪、悖逆，但神仍然不止息地向我們顯明他的愛。保羅在聖經的另一處說：「惟有基督在我們還作罪人的時候為我們死，神的愛就在此向我們顯明了。」（羅5:8）所以說，並不是「因為你……

所以神愛你」，而是「雖然你……但神還是愛你」。

神的愛是通過他的抉擇，也就是他的揀選表達出來的。他不是非得愛我們，是他主動選擇來愛我們。事實上，無論如何他都不應該愛我們，但他還是愛了我們。

神對我們的愛並非臨時起意，也不是到了最後一刻的即興發揮，就像一位丈夫突然想起即將到來的結婚紀念日：「哦，我的天哪！結婚紀念日馬上就到了！我該怎麼辦呢？」神的愛遠勝於此。從創造世界之先，神就定意要愛他的子民：他籌劃如何通過福音的豐盛恩典來表達他的愛，從無偶然和僥幸。他親自承擔了難以置信的代價來實現這愛的計劃。

如果我的孩子跑過來對我說：「爸爸，我想要你愛我，所以今天我要表現得特別乖。」我會很傷心地說：「難道你不瞭解我嗎？不瞭解我對你的愛嗎？我不是因為你特別乖才愛你，我愛你因為你是我的孩子。」同樣的，神愛我們並不是因為我們愛他、順服他——實際上，我們沒有這樣做！神愛我們只因他愛我們（參見申7:7-8）。他愛我們，因為他已經揀選了我們，我們是他的孩子。

如果我們顛倒了這個事實，即因著我們先選擇他、愛他的緣故，神才愛我們，那麼基督信仰就成了一種自我救贖的宗教。這種宗教所傳達的信息是：由於我們的愛、我們的選擇、我們的真誠，神有義務來救贖我們。這其中的決定性因素就變

成了我們的信心，而不是神的愛了。如果這樣，那麼會眾心中會充滿驕傲，福音就被完全顛倒了。

　　神救贖我們不是因為我們是誰，而是不管我們是誰。為什麼？因為祂愛我們。

得救歸入神的子民

　　當神救贖我們時，祂自己主動與我們建立關係。不僅如此，祂還將領我們進入一個共同體。

> 　　我另外有羊，不是這圈裏的；我必須領他們來，他們也要聽我的聲音，並且要合成一羣，歸一個牧人了。（約10:16）
>
> 　　他救了我們脫離黑暗的權勢，把我們遷到他愛子的國裏。（西1:13）
>
> 　　惟有你們是被揀選的族類，是有君尊的祭司，是聖潔的國度，是屬神的子民……（彼前2:9）
>
> 　　你們從前算不得子民，現在卻作了神的子民；從前未曾蒙憐恤，現在卻蒙了憐恤。（彼前2:10）

羊羣、國民、祭司、子民──儘管說法不同，但意思一樣。神

逐個地救贖了我們，但祂讓我們彼此建立關係，這也是救贖計劃的一部分。與神和好也意味著與神的子民和好，就像一個被領養的孩子不僅與新的父母建立了關係，也與新的兄弟姐妹建立了關係。請注意，上面《彼得前書》2章10節是平行的句子結構：蒙了憐恤的同時，作了神的子民。

從伊甸園到亞伯拉罕及其子孫，到以色列，到教會，再到新耶路撒冷，神一直在為祂的兒子拯救出一群子民來。

《以弗所書》第2章精彩地展現了救恩的群體性。在1至10節中，保羅闡述了神對個人救贖的恩典作為後，接著在11至22節中他解釋了救恩的群體意義。基督已經「使」猶太人和外邦人「合而為一」。注意，這裏的過去時態意味著合一這事已經在十字架上成就了，基督已經「拆毀了中間隔斷的牆，而且以自己的身體廢掉冤仇」（第14節）。祂「將兩下藉著自己造成一個新人，如此便成就了和睦」（第15節）。祂這樣做是為了「在十字架上滅了冤仇，便藉這十字架使兩下歸為一體，與神和好了」（第16節）。正因如此，曾經屬於敵對陣營的信徒「不再作外人和客旅」，而是「與聖徒同國，是神家裏的人了」（第19節）。現在，整個教會「靠他聯絡得合式，漸漸成為主的聖殿」，並「成為神藉著聖靈居住的所在」（第21、22節）。

十字架上成就的救贖大工使我們與神和好，同時也使我們

彼此和好。基督在神公義的審判臺前將我們的罪案都歸到祂身上，祂是我們的代表，是代我們獻上的贖罪祭，「為要將兩下藉著自己造成一個新人」（第15節）。在十字架的另一邊，和好的工作還在繼續。和平占了支配地位，因為兩者「被一個聖靈所感，得以進到父面前」（第18節）。由此可見，我們得蒙救贖包括了何等深刻的群體意義！我們同是「一個新人」，這意味著我們是亞當夏娃所出的一個新族群。我們是「神家裏的人」（第19節），就如《創世記》12章中所刻畫的亞伯拉罕家族的意象；我們是「與聖徒同國」（第19節），又如《出埃及記》19章中以色列的王國形象；我們是「主的聖殿」和「神藉著聖靈居住的所在」（第21、22節），如整本聖經中滿是神要與祂子民同住的應許。

這並不是一種美好的願望。保羅並不是吩咐我們要努力變成這樣的群體，而是宣告神通過基督的工作已經成就了這個轉變。整段經文中唯一的命令是，我們要「記念」神已經完成的工作——祂已救贖我們進入到祂恩約的群體中。

在兩章之後的《以弗所書》4章2至3節中，保羅教導我們，「用愛心互相寬容，用和平彼此聯絡，竭力保守聖靈所賜合而為一的心」。他說，畢竟「身體只有一個，聖靈只有一個……一主，一信，一洗，一神……超乎眾人之上，貫乎眾人之中」（4-6節）。

　　神已使我們成為一體，因此我們在行動上必須協同一致。

　　歸信的群體性在實踐中有什麼意義呢？至少它將歸信與教會成員制重新聯繫起來。我對新英格蘭教會及那裏的青年事工團隊永遠心懷感激，他們在我妻子信主的道路上幫了很多忙。他們耐心地向她分享福音，對她進行門徒訓練，為她施洗。但遺憾的是，他們從沒有與她談過成為教會成員的事。

　　教會成員制並不能拯救我們。然而，我們不應該忽視這樣一個事實：新約聖經記載當時的人在信主之後就加入了教會（參見徒2:41、47，5:14，11:21-26，14:21-23）。這並不是可有可無的，而是必然發生的事實。使徒們教導說，正是通過地方教會，我們經歷到基督徒在基督裏已經加入普世教會的事實。請注意《以弗所書》2章19至22節中的進一步闡述。保羅在19和21節中指出，我們都是天國的國民，是主的聖殿。接著在22節中，他話鋒一轉，特別對以弗所的地方教會說道：「你們也靠他同被建造，成為神的居所。」保羅似乎在說，神在我們所有人身上做的一切，現在正具體而又細致入微地在你們身上做。普世教會正是通過地方教會鮮活地體現出來。

　　這裏有一個我們都很熟悉的邏輯：新約聖經教導我們，在基督裏被稱為義的人必須在日常生活中尋求公義；同樣，被宣告成為基督身體一部分的人，也必須努力成為一個實際的基督徒群體——可見的地方教會——中的一員。如果你不追求成為

地方的、可見教會的一員，那誰敢說你真是普世的、不可見教會的成員呢？

　　到目前為止，問題應該已經很清楚了：只要得救涉及群體的層面，那麼關於歸信教義的書也一定是關於教會的書。

得救是為了神的榮耀

　　我們得救的最終目的並非為了自己，而是為了神的榮耀。神藉著先知以賽亞傳達他的救贖計劃時說：「我為自己的緣故必行這事……我必不將我的榮耀歸給假神。」（賽48:11）神藉著先知以西結也說過同樣的話——論到所應許的新約，神宣告說：「以色列家啊，我行這事不是為你們，乃是為我的聖名。」（結36:22）

　　這就是為什麼神要通過他的愛子耶穌基督做成救贖大工。《以弗所書》第2章向我們展示了神在個人和群體層面的救贖工作，正如我們在本章中所提到的那樣。然而，第1章告訴我們神施行救贖的意圖：「叫他的榮耀……可以得著稱讚。」（弗1:12-14）第3章告訴我們，不僅個人的得救可以榮耀神，教會群體的得救更是如此。神的旨意是，「藉著教會使天上執政的、掌權的，現在得知神百般的智慧」（弗3:10）。這是神「永恆的旨意」（弗3:10，新譯本）。

　　這個新人——教會，與世界上其他任何事物都不一樣。教會的合一不是基於種族、文化或階級，而是基於耶穌基督，祂是神智慧的啟示（參見林前1:22-30；西2:2-3）。現在，在基督裏，教會在整個宇宙面前彰顯了神的智慧。

　　單憑自己，你和我都無法彰顯神使人與祂自己和好、也彼此和好的智慧。由此看來，一個地方教會的存在是必須的。在那裏，曾經的敵人操練彼此相愛和饒恕，哪怕他們可以找出很多理由不這麼做。

　　然而，如果我們誤解了救贖的目的就麻煩了。如果我們認為，耶穌救贖我們是為了讓我們快樂、滿足或富有，那麼當這些好處沒有馬上出現時，我們很容易受到試探不再跟隨耶穌。我們會認為，基督徒的生活完全是關乎我們自己、我們的恩賜、我們的呼召以及我們如何獲得滿足，而與神的榮耀無關。教會就變成了我們發揮潛能的舞臺、展示恩賜的競技場以及虛榮心的目擊者。

　　然而，當我們明白救贖是關乎神的榮耀時，一切都改變了。基督徒的生活不再是維護「我的基督徒權利」，而是降卑自己去服侍他人。教會也不再是展示呼召、發揮恩賜的舞臺，而是一個彰顯出神恩典的群體。奇妙的是，當我們停止追求「幸福美滿的生活」，轉而尋求神，並在神的榮耀中找到我們受造的滿足時，「幸福美滿的生活」反而會不期而至。

　　我們得救並不是靠著自己的真誠，不是憑著強烈的情感，也不是通過愛神或者任何的善行。我們得救是因為神藉著基督的恩典作工。當眾教會都明白這一點，並一同活出與之相稱的生命時，我們就能向全世界表明：基督徒的歸信不像改變黨籍或教派那樣，也不是一個想法或感覺上的轉變，而是得蒙救贖——一種出死入生、從忿怒到饒恕、從奴役到自由的救贖。這種救贖只有神能夠做到。

　　讚美詩作者查爾斯・衛斯理（Charles Wesley）說得真好：「我靈受困，多年在牢獄中；被罪包圍，黑暗重重；主眼發出復活榮光，我靈甦醒，滿室光明；枷鎖脫落，心靈獲釋，我就起來，跟隨主行。」[4]

　　歸信，首先是神的作為，在我們行動之前神先做工。我們需要得蒙救贖，並且惟獨藉著耶穌。

　　不過，歸信也是我們的行動，我們醒起、前行並要跟隨。在接下來的一章中，我們要討論人的責任。

---

[4]　Charles Wesley,「*And Can It Be That I Should Gain,*」1738. 中譯參見《生命聖詩》第 178 首「奇異的愛」。

第三章

做門徒，而非做決定

我們的回應

我18歲的時候成了波士頓紅襪隊（Boston Red Sox，隸屬於美國職業棒球大聯盟）的球迷。因為從小到大生活的州裏都沒有美國職業棒球大聯盟球隊，所以我並沒有忠於哪支本地球隊，只是隨便看看比賽。後來我忽然意識到，成為一支球隊的球迷會讓我更享受比賽。於是我就開始看體育專欄、研究得分和排名，最終我決定成為紅襪隊的球迷。確實，這是一種生活方式的選擇。

三十年過去了，我依然是紅襪隊的球迷，但我不確定其他球迷朋友是否這麼認為。我並未轉投其他球隊，只是忙碌而又充實的生活讓我不再有時間看比賽、盯比分，或者及時瞭解球員交易和賽事預測分析。如果紅襪隊進入了季後賽，而我不需要開會、輔導孩子寫作業或者給妻子幫忙，我可能會看比賽。

我支持紅襪隊的決定仍然算數，但如今這只是一個決定而

已，説明不了任何問題。

對於當今的許多人尤其是西方人來説，他們選擇宗教信仰就如同我選擇成為紅襪隊球迷一樣。我並不是説宗教皈依就像選擇一支球隊那樣無關緊要，而是説在我們的文化中，二者的核心問題都是個人的選擇，是一種生活方式的決定。

對大多數福音派基督徒而言，這個決定主要源於「聖徒永蒙保守」的教義。人們常説：「一次得救，永遠得救。」最重要的是做出信耶穌的決定。無論如何，你只要做過決志禱告就好，餘生幹什麼都無所謂。

前不久，有個人來我的辦公室找我聊天。我得知他年輕時就已經決定信耶穌。他這個決定是真心誠意的。但是就像我與紅襪隊的關係那樣，當生活變得忙碌時，婚姻、工作、孩子和家庭都使他遠離教會，也不再有個人的屬靈操練。如果他自己不説，沒人會知道他是個基督徒。他承認自己曾經酗酒，儘管一度戒酒數年，但最近又重新拿起了酒杯。

他之所以來找我，是因為他聽了我在某次追思禮拜的講道。在那次講道中我説，基督的赦免屬於那些離棄罪惡、信靠耶穌並且跟隨他的人。正如耶穌在《馬可福音》第1章所做的，我向所有「悔改，信福音」（可1:15）的聽眾宣講了福音的盼望。成為基督徒就意味著悔改並且跟隨耶穌。困擾他的正是這個觀點。多年前他只是做了一個真誠的決定，但也許很難

說他是個基督徒，因為他並沒有真正跟隨耶穌。我該對他說些什麼好呢？

我們在歸信中的角色僅僅是「做個決定」嗎？這就是耶穌所說的悔改、信福音嗎？鑒於永生是如此緊要，因此我們希望真正理解歸信的含義，並且瞭解悔改和相信到底意味著什麼。

歸信的榜樣

在第一章和第二章中，我闡述了歸信從根本上來說首先是神的工作——神重新創造我們，使我們重生；神必定施行拯救，稱我們為義，赦免我們的罪，讓我們與祂自己及祂的子民彼此連接。

但與此同時，聖經也清楚地教導說，歸信也是我們的工作，我們有當盡的本分。神不會勉強人成為基督徒。要成為基督徒，就必須回應福音的信息。關於我們的回應，聖經所說的正是我在那次追思禮拜當中所傳講的：每個人都必須悔改認罪，並相信耶穌基督的福音。

想知道如何成為基督徒，保羅告訴我們可以看看帖撒羅尼迦人。他們的做法是對的，值得我們效法。保羅並未使用**悔改**和**相信**這樣的詞，但帖撒羅尼迦人實際上正是這樣做的。保羅對帖撒羅尼迦人說：

> 因為我們的福音傳到你們那裏，不獨在乎言
> 語，也在乎權能和聖靈，並充足的信心……並且你們
> 在大難之中，蒙了聖靈所賜的喜樂，領受真道就效法
> 我們，也效法了主；甚至你們作了馬其頓和亞該亞所
> 有信主之人的榜樣。（帖前1:5-7）

保羅倚靠聖靈的能力傳講神的福音，帖撒羅尼迦人就領受了真道。儘管在苦難當中，但因著聖靈所賜的喜樂，帖撒羅尼迦人還是選擇回轉，成為和保羅一樣跟隨主耶穌的人。他們生命的改變非常明顯，成為了其他國家眾教會的榜樣。

歸信需要悔改

要成為基督徒，就必須悔改自己的罪。悔改的基本含義是歸向。請注意《使徒行傳》如何把悔改這個詞和歸向的含義並列使用的：

- 所以，你們當悔改歸正，使你們的罪得以塗抹。
  （徒 3:19）
- 勸勉他們應當悔改歸向神，行事與悔改的心相
  稱。（徒 26:20）

同樣，當保羅描述帖撒羅尼迦人的歸信時，他描述了一個徹底的歸向和生命的重新定位：「你們是怎樣離棄偶像，歸向神，要服侍那又真又活的神。」（帖前1:9）需要注意的是，他們的歸向不僅僅是道德或行為上的，而是改變了敬拜的對象。他們從拜偶像變成了敬拜真神。

偶像可以是任何事物或任何人，離了它（他）你就無法感到幸福和滿足。幾乎任何事物都可以成為我們的偶像：性、金錢、他人對我們的看法、安全、掌控、便利。但一直以來我們最喜歡的偶像是自己。我的偶像是我自己，你的偶像是你自己，而且我們還希望其他人也拜我們的偶像。

我們受造是為了敬拜神，否則我們就會敬拜其他事物。

因此，呼召人們悔改就意味著呼召人們改變敬拜的對象。那麼，如果我們沒有敬拜神，敬拜的是什麼？我們的時間和精力被什麼占據？我們消費和休閒的項目是什麼？讓我們發怒的事情是什麼？給我們帶來希望和安慰的是什麼？對孩子的期望是什麼？

偶像會給人許多承諾，即便這些承諾根本無法兌現。

虛假的悔改

悔改意味著我們離棄偶像、歸向神。在行為發生改變之

前，我們必須改變敬拜對象。這一點與我們通常對悔改的看法大有不同。

　　我們常常將悔改看作是呼召我們糾正生活中的錯誤做法。我們做好事來彌補做過的壞事，試圖平衡天平的兩邊，甚至矯枉過正。有時我們談論悔改，似乎是在做一項非常嚴肅的、宗教性的新年立志：

- 我再也不對我的孩子們大發雷霆了。
- 我再也不看色情雜志了。
- 我再也不謊報工作時間了。
- 我再也不背後議論老闆是非了。

　　然而，即便我們在這件事或那件事上糾正了做法，但我們的心可能仍然在拜偶像。

　　法利賽人是很典型的例子。他們是巴勒斯坦地區最守規矩的人，是你一直想要的那種理想鄰居。他們從不允許孩子把自行車扔到你的院子裏，不會舉辦喧鬧的派對，也不會將煙蒂丟進你的花壇裏，並且總是跟在狗後面拾起糞便。他們都是正派人，但是耶穌卻稱他們是「粉飾的墳墓，外面好看，裏面卻裝滿了……污穢」（太23:27）。關鍵在於，偶像崇拜者並不都是壞人，那些善良的、有道德的甚至宗教人士可能也是偶像崇拜

者。由此看來，悔改並不等同於道德上的決心。

　　有時我們談論悔改似乎是對自己的行為不滿意或內疚。如果做了壞事被抓到，我們會內疚；如果沒有被抓到，我們也會感到內疚。如果我們讓別人失望了，或者讓自己失望了，會感到內疚。毫無疑問，悔改要求我們承認自己的罪。但是你可能一邊內疚，一邊仍然愛著自己所犯的罪。任何一個陷入情慾的人都會告訴你這樣的經驗之談：「愚昧人行愚妄事，行了又行，就如狗轉過來吃牠所吐的。」（箴26:11）所以，悔改並不是一種感覺。

真正的悔改

　　真正的悔改意味著全新的敬拜。雖然看起來像是生活方式改變了，但是這種外在行為的改變是由敬拜對象的改變引發的，而不是相反。

　　悔改意味著被聖靈宣判我們是有罪的，這不是指我們的不良行為，而是指我們的心背叛了神。

　　悔改意味著從前我們愛偶像、服侍偶像，現在恨惡並遠離牠們。

　　悔改意味著從前我們恨神，現在轉為愛祂、服侍祂。這是發自內心最深處的新的忠誠。

如果悔改意味著改變敬拜的對象，那麼我們的教會就不應該催促人們草率、欠考慮地「決定」跟隨耶穌，然後以此作為他們已經歸信的確據。相反，我們應該做的是呼籲人們悔改。當我們把歸信和悔改割裂開來時，無論是因為覺得悔改可以慢慢來，還是因為害怕這樣做會嚇跑別人，我們都會把歸信簡化為罪疚感或者道德上的決心。更糟糕的是，我們冒險向一個「歸信者」保證說，他已經擺正了與神之間的關係，但實際上並非如此。這樣做的後果就像給人注射了一支抵擋福音的疫苗。

疫苗的工作原理是這樣的：它用一種經過特殊處理的病原菌來欺騙人體，使免疫系統認為人體已被感染，從而產生抗體；於是當真正的感染出現時，身體已經做好了殺死病菌的準備。同樣，呼籲人們決志而不呼籲他們悔改，不僅有可能造成虛假的歸信，而且有可能使人對真正的福音免疫，他們會以為自己已經信了基督！而我們還在一旁強調說：「一次得救，永遠得救。」

虛假的歸信者是什麼樣的呢？通常來說，他們有如下表現：

- 對天堂感到興奮，但對基督徒和地方教會感到厭煩；
- 認為無論神同在與否，天堂都是美妙的；
- 喜愛耶穌，但不願順服耶穌、不願悔改、不願做門徒、

更不願受苦；

- 無法分辨他的順服是出於律法，還是出於愛神；
- 困擾他的常常是別人的罪，而不是自己的罪；
- 看恩典為廉價，看自己的舒適為寶貴。

但是新約是如何描述一個真正的基督徒的呢？根據《約翰一書》，真正的基督徒是這樣的：

- 愛基督徒和地方教會，因為他愛神（參見約壹5:1）；
- 渴望與神相交，而不僅僅渴望天堂的舒適（參見約壹 1:6-7，5:1）；
- 明白跟隨耶穌意味著做主門徒（參見約壹1:6）；
- 出於對神的愛而順服神（參見約壹5:2-3）；
- 渴望認罪並遠離自己的罪（參見約壹1:9）；
- 把恩典看為寶貴，把自己的慾望看為無足輕重（參見約 壹1:7，10）。

成為基督徒就意味著要過一種悔改的生活，耶穌稱之為背起十字架來跟從祂。悔改的生活從得救的那一刻就開始了，但在服侍神、愛神的生活中繼續進行。潘霍華（Dietrich Bonhoeffer）說得很好：「當基督呼召一個人時，是呼召他來

死。」①

歸信需要信心

如果悔改是困惑硬幣的一面，那麼另一面就是信心。要成為一名基督徒，你不僅需要悔改，還需要相信有關耶穌的好消息。耶穌說：「你們當悔改，信福音。」（可1:15）

我們前面提到了歸信的榜樣帖撒羅尼迦的信徒，保羅這樣描述他們：「等候他兒子從天降臨，就是他從死裏復活的——那位救我們脫離將來忿怒的耶穌。」（帖前1:10）請注意，保羅用這節經文來總結福音帶來的好消息：耶穌從死裏復活後，應許要拯救我們脫離將來的忿怒。作為回應，帖撒羅尼迦的信徒「等候」耶穌從天降臨。也許沒有別的表達方式能比這更好地表述相信的含義了。

信心不是什麼

信心或信仰確實包括理性上認同福音的真理，卻不僅限於

---

① 潘霍華著，《追隨基督——做門徒的代價》，香港道聲出版社，1994年。

此。雅各警告說：「鬼魔也信，卻是戰驚。」（雅2:19）

　　信心不是背誦一個魔法口訣。沒錯，你應該像保羅所說的那樣，「你若口裏認耶穌為主，心裏信神叫他從死裏復活，就必得救」（羅10:9），但這不是神奇的口訣——只要說出那幾個詞，然後大喊一聲「變」，你就得救了。不幸的是，福音派人士要求人們作這樣一個禱告「耶穌基督，我是一個罪人，請赦免我的罪」，然後以此「確定」他們已經得救，就好像這句話本身帶有某種權能似的。羅馬天主教的教導是，神父說出正確的話，就能將酒變成血，能使洗禮的水具備讓嬰兒重生之功效。而伊斯蘭教的教導是，你如果在見證人面前用阿拉伯語說三遍「萬物非主，唯有真主，穆罕默德是真主的使者」，就可以成為穆斯林信徒。但是，一句口訣怎麼能將拜偶像的心轉變為敬拜神的心呢？

　　信心並不等同於變得屬靈、加入一個信仰團體，或者凡事尋求屬靈引導，但它也許與這些都有關。然而，如今有許多自認為屬靈的人或者自稱在走天路的人，實際上並不認識那位藉著耶穌基督啟示自己的神。

信心是什麼

　　基督徒的信心是，全心相信神一定會成就福音的應許。帖

撒羅尼迦信徒沒有簽決志卡或者背誦主禱文。他們做的是等候耶穌，這一點在他們的生命中表現出來。他們中間的猶太人不再靠著摩西和律法稱義，希臘人不再依靠他們的偶像，他們所有人也不再依賴自己的財富。取而代之的是，他們開始信靠神所賜的福音的應許。等待他們的不再是審判和定罪，而是神永遠的同在，因此他們的生活方式也開始發生變化。這是有目共睹的。信心改變了他們的生命，因為有信心的人不僅是在禱告中一再抓住神的應許，更重要的是依靠這些應許而活。

前不久我的一個孩子病得很重。我們事先就聽說，這種疾病可能會使他在一段時間內嚴重眩暈，甚至神志不清。所以，當我的兒子仍然清醒的時候，我看著他的眼睛對他說：「無論發生什麼，都請記住兩件事：我愛你、你可以信任我。」當我兒子真的神志不清的時候，他無法理解周圍發生的一切。但是他會定睛看我，而我反覆告訴他：「我愛你，你可以信任我。」他知道，他可以相信我的那些承諾。

這就是信心。信心就是信靠神，信靠祂的屬性和祂的愛，因此可以單單依靠福音的應許。這就是為什麼雅各說信心若沒有行為就是死的（參見雅2:17）。真正的信心是信靠、依賴、跟隨和行動。

我們教導的是什麼樣的信心？

上述對信心的理解會如何影響教會生活呢？首先，它影響著我們教導的內容以及如何提供歸信的確據，也會影響我們所依靠的根基：教導道德主義使我們依靠自己的善行；教導真誠使我們依賴於情感經歷和一種重新奉獻的文化；教導靈性使我們關注成聖道路的事實，而不是天國永恆的盼望；教導「一次得救，永遠得救」使我們依賴於在兒童夏令營或婚姻退修會上的某次禱告。

保羅說：「你們總要自己省察有信心沒有，也要自己試驗。」（林後13:5）他沒有讓我們省察自己過去的決定，或者省察自己是否屬靈，而是教導基督徒要察看當前的生活。使人得救的信心要單單依靠耶穌基督，不能偏離左右。就像悔改一樣，信心會在信徒的整個生命中留下印證。作為教會，我們希望尋找神在我們當前生命中恩典的證據，並且向彼此指明。

我們要人怎樣相信？

第二，理解合乎聖經的信心會影響我們傳福音的方式。傳福音時不提悔改的信息會導致虛假的歸信，而沒有正確理解信心的福音佈道也會如此。

將信心視為理性上的認同或口頭上的信條，會產生清教徒

口中所説的「模範教師」。這些人能夠講解福音，認同福音，也會禱告，他們在這樣做的時候可能也會頗有感動。但是他們的生活、人際關係和品格都表明，他們並不認識耶穌，也並未依靠耶穌的應許。例如，約翰説：「人若説『我愛神』，卻恨他的弟兄，就是説謊話的；不愛他所看見的弟兄，就不能愛沒有看見的神。」（約壹4:20）

自第二次大覺醒以來，福音派人士就把做出跟隨耶穌的決定當作歸信的標誌。「請把你的手舉起來」、「請站起來」、「請站到講臺上來」。這樣做會造成什麼結果呢？教會裏滿是自稱為基督徒的人，但他們的生命與世人無異：離婚率與非基督徒不相上下，物質主義泛濫橫流，閲讀色情刊物頗為常見，雖為教會「成員」但參加聚會的次數卻屈指可數（如果還參加的話）。問題不在於教會裏的基督徒仍會犯罪——我們當然會，而是教會中有太多不是基督徒的「基督徒」。但我們卻確認他們是基督徒，還告訴他們不要容許任何人質疑這一點。

令人羞愧的是，我們還以這些「決定」誇口，認為我們傳福音很成功。但是，一年下來，大多數這樣的「歸信者」到哪裏去了呢？我們當初為什麼很興奮？我擔心，讓我們興奮的原因是，他們是我們所帶的決志歸信的人。這讓我想到司布真（Charles Spurgeon）提到的一則關於羅蘭·希爾（Roland Hill）牧師的故事。有一天，一個醉漢對希爾牧師説：「嗨，

希爾先生，我是你帶領歸信的信徒呢！」希爾牧師回答道：「你可以說是我帶的信徒，但你肯定不是主的信徒！」②

當辦公室、學校和運動場裏到處是我們的信徒時，世人就會回答：「如果這樣做就是基督徒了，那還麻煩耶穌幹嘛？」

我們很容易就能獲得、操控和收集到人們的「決定」，但是耶穌告訴我們，去使人做門徒不是叫人做決定，不是讓人轉變，而是使人做門徒。門徒是一生跟隨耶穌的人，就是那些忍受苦難、背起十字架來跟隨耶穌的人。

我們樹立了怎樣的信心榜樣

第三，理解合乎聖經的信心會影響到教會成員制。

我們所設定的門徒門檻，既不能比耶穌所設定得更高，也不應設定得更低。耶穌如何呼召人們回應福音？祂說：「你們當悔改，信福音。」（可1:14-15）這正是初代門徒所行的，他們離開了先前的生活，帶著悔改和信心跟隨了耶穌。

那麼使徒如何呼召人們回應福音呢？五旬節那天，彼得向耶路撒冷的眾人宣告：「你們各人要悔改，奉耶穌基督的名受

②　Charles H. Spurgeon, "The Metropolitan Tabernacle Pulpit," 出自 *Spurgeon Sermon Collection*, Accordance electronic ed., 兩卷本。(Altamonte Springs, FL: OakTree Software, 2012), 第 62026 段。

洗，叫你們的罪得赦，就必領受所賜的聖靈。」（徒2:38）

你注意到有一個詞發生變化了嗎？「悔改和相信」變成了「悔改和受洗」。彼得在這裏不是説洗禮可以救人，而是説信福音的表現方式是洗禮。這是信福音之人的公開回應，就好像在一封信的底線上簽名一樣。

我們來簡要地回顧一下。在《馬太福音》16和18章中，耶穌將天國的鑰匙授予地方教會，讓地方教會正式確認基於福音的悔改行為和真悔改者。然後在《馬太福音》26和28章中，耶穌設立了主餐和洗禮，這就是教會如何使用鑰匙以及確認真悔改者的方式。洗禮是其他人認同你悔改的首要的公開表達。正因如此，教會才奉父、子、聖靈的名為你施行洗禮（參見太28:19）。這就好像對一個新加入的球迷説：「這是球隊球服！」接下來，主餐則會一次次地確認你已經歸信的事實——「我們雖多，仍是一個餅，一個身體，因為我們都是分受這一個餅。」（林前10:17）分受一個餅確認和表明了誰屬於這一個身體。教會也可以通過教會懲戒或除名的方式來取消對某人信仰的確認，即停止一個人領主餐，將他從教會中除名。

換句話説，耶穌沒有留下一群靠自己確認歸信的人和做出「一次得救、永遠得救」決定之人。祂留下的是有權柄施洗並舉行主餐的教會，換句話説，祂留下了我們所説的「教會成員制」。根據聖經的教導，教會成員制的意義在於，藉著洗禮和

主餐確認、監督彼此的宣信以及做主門徒。

由此看來，施洗的同時將對方接納為教會成員應是合乎真理的做法。換句話說，洗禮和主餐應該結合起來。前者是進入房間的大門，而後者是正在進行的家庭聚餐。二者結合起來，就使歸信的確認不僅僅是一次決定，而是見證新生命不斷地悔改。通過這種方式，我們可以確保教會團體的確認是可信的，並且區分出虛假的歸信者和名義上的基督徒。

當然也會有例外情況。假設另一間以福音為本的教會確認某個信徒是該教會的成員，那麼他拜訪其他教會時就可以參加主餐，畢竟世界上的教會並不是只有一間。有時我們可能會為一個人施洗，然後他很快就告別我們，去了另一個城市或國家。但是，我們不應該用這些例外情況定義我們的常規做法。

往深了說，認同耶穌的死和復活的信仰與認同耶穌子民身分的信仰緊密相關。正如戈登·史密斯（Gordon Smith）所說：「歸信不僅意味著歸向基督，也意味著加入基督徒共同體。基督信仰顯然是社會性的。」[3]因此，真正的信心是與基督聯合，同時也與地方教會連結在一起。彼得命令百姓悔改受洗後，我們讀到：「於是領受他話的人就受了洗。那一天，門徒約添了

---

③ Gordon T. Smith, *Transforming Conversion: Rethinking the Language and Contours of Christian Initiation* (Grand Rapids, MI: Baker Academic, 2010), 148.

三千人。」（徒2:41）添到哪裏了？耶路撒冷的教會。

提供歸信的確據

　　理解合乎聖經的悔改和信心，意味著教會要呼召人做門徒，而不是做決定。但問題是，因為對人的懼怕和自滿自足，我們總是受試探要迅速地向人們提供歸信的確據。但是我們必須更加謹慎地考慮當如何提供歸信確據。

　　我曾經有機會在一次大型福音佈道會中服侍。在會前培訓中，培訓者教導我們要告訴人們說，如果他們照著印有禱告詞的卡片禱告，就可以確保他們已經重生、會與神永遠在一起，並且永遠不要懷疑這一點。對於這種做法，我們要注意兩點。首先，它鼓勵人們要在那天的決定和禱告中尋找自己得救的確據，但是聖經並沒有教導我們回顧我們曾經做過的決定，而是說如今要省察自己的生命，看有信心沒有（參見林後13:5），有沒有持續不斷的悔改和相信。用約翰‧派博（John Piper）的話來說，就是：「我知道我還活著，不是因為我有出生證明，我知道我還活著，是因為我在呼吸。」[4]

　　其次，教會應通過施洗和授予教會成員資格來提供歸信的

---

[4]　John Piper, "Hope in Eternal Purity," 渴慕神網站，2015 年 11 月 4 日，http://www.desiringgod.org/interviews/hope-in-eternal-purity-aim-at-daily-purity.

確據。耶穌就是如此設立的。我們要開佈道會，同時也要將人們直接帶進教會。在教會生活中，認識你、與你長時間同行的人可以告訴你是否有歸信的確據。這並不是說教會就永遠不會犯錯誤，而是說應該由同屬一個共同體的人來彼此確認歸信與否。

可以肯定的是，教會不能假定能洞察人心。但耶穌一再申明，我們能夠根據可見的、外在的生活樣式做出判斷：

- 憑著他們的果子，就可以認出他們來……凡好樹都結好果子，惟獨壞樹結壞果子。（太 7:16-17）
- 善人從他心裏所存的善就發出善來；惡人從他心裏所存的惡就發出惡來。（太 12:35）
- 因為從心裏發出來的，有惡念、凶殺、姦淫、苟合、偷盜、妄證、謗讟。（太 15:19）

我們觀察一棵樹的時候，雖然看不到樹根，但可以看到它結的是蘋果還是橘子。我們無法觀察到一個人被驕傲佔據心靈、被情慾支配慾望、被貪婪轄制意志的程度，但我們可以看到一個男人如何愛自己的妻子，如何對待自己的孩子；我們也可以知道某人是否偷竊或欺詐過。這些都是由看不見的心所生發的果實。

　　教會要做的是，聆聽信仰的告白、考量行為的果子並向悔改的人提供歸信的確據。我不是說教會並非罪人的群體，當然是的，但教會這個共同體極其特殊，它是由一群悔改的罪人所組成。

　　我們也可以稱這群罪人為「門徒」。

第四章

聖潔，而非醫治

對基督徒生活的影響

我出生於唐納休（Phil Donahue）出道的前一年，我是看著他的節目長大的。有沒有人不認識唐納休？他是奧普拉（Oprah）式訪談節目的創始人。奧普拉本人說：「如果沒有《唐納休訪談》，就不會有《奧普拉脫口秀》。」[①]唐納休不僅僅是個先鋒，他和奧普拉及其同行都對當時的美國文化頗有瞭解：整個美國的世界觀都從倡導道德轉向倡導心理治療。他們的節目反映了這個現象，並且引領著這股潮流。

倡導心理治療的人堅信：對一個人來說，最大的需求是學會愛和接納自己、自在地做自己。尋求他人的認同會導致各式各樣的個人問題和弊端：飲食失調、依賴共生關係、吸毒、家

---

① Oprah Winfrey, "The O Interview: Oprah Talks to Phil Donahue," *O, The Oprah Magazine*, 2002 年 9 月 , 214。

暴⋯⋯這樣的例子數不勝數。不過，所有這些追求都是不切實際的，其目的是找到一種無條件的接納，而這最終只有我們自己才能給自己。

這正是《唐納休訪談》一類節目的切入點。他邀請的嘉賓會在節目中承認自己曾做過哪些大眾視為反常的事情，不過這麼做並不是為了得到原諒和解脫，而是為了幫助嘉賓自我接納，也被觀眾（通常是演播室的觀眾）接納。例如，一位嘉賓公開承認自己是同性戀，來表明對自己的徹底接納。這些小組心理治療類節目走出電視演播室，進入一個個觀眾的家裏，這些觀眾就會想：電視上那個比我更糟的人都可以接納自己，那麼我也可以啊！在唐納休和奧普拉的節目中播出的那些極端案例，鼓勵我們擺脫羞愧和內疚，最終開始愛自己。

這種治療觀認為，讓那些心碎的、受傷的人從別人的標準中解脫出來，這樣他就能接納自真正的自己。不僅如此，它還引導人們按他人的本相接納他人。治療文化造就了一群快樂的、很適應社會的人，他們會說：「我很好，你也很好。」

從20世紀60年代開始，基督徒們就已經意識到，治療觀把耶穌排除在外了。我們不僅需要自我接納，更需要神接納我們。福音的好消息是，神不僅接納我們，對我們說「你平安了」，他還無條件地愛我們。為了改變福音真理，治療文化把人心比作一個空桶，只有自己才能將它充滿。但是作為基督

徒，我們知道人無法做到，只有耶穌可以用他無限的愛源源不斷地填滿我們的空桶。對於基督徒來說，這是耶穌基督帶來的好消息。耶穌填補了我們心中的空洞，醫治了我們破碎的心。

真正的醫治是聖潔

在前面的三章中，我闡述了歸信從根本上來說首先是神在我們裏面所做的工作，但我們也有自己該承擔的責任。我們不僅需要做一個決定，還需要通過悔改和信心來徹底改變敬拜的對象。在本書接下來的部分中，我將探討歸信對個人生活、教會和傳福音的影響。如果歸信意味著我們是神藉著自己至高的救贖大工重生而成的，那麼這應該會帶來哪些不同？

首先，我們不是得到心理治療式的醫治，而是要聖潔。

在撇開醫治這個說法之前，容我先說一句，在聖經中醫治喻指救贖。以賽亞宣告說：「因他受的鞭傷，我們得醫治。」（賽53:5）耶穌對病人所行的醫治，指向一個更偉大的醫治。但聖經所說的醫治與現代的治療文化含義不同。在聖經中，疾病是罪和咒詛的結果，也描繪出人靈性墮落、無法討神喜悅的情形。因此，得醫治的目的根本不是讓自己心安理得，而是罪得赦免，內心的羞恥和受到的咒詛最終得以除去，進而與神和好。換句話說，聖經所指的「得醫治」意思是成為聖潔。

怎麼理解基督徒的聖潔呢？這並不是說基督徒比別人更好，或是我們可以擺出一副「我比你聖潔」的態度，也不代表我們遵行了律法（無論這些律法是來自基要主義的右派還是進步的左派）。基督徒要聖潔，是因為他已經：（1）被分別出來；（2）歸於一位新主人；（3）心中充滿全新的愛。

讓我們依次來看這幾點。

聖潔意味著被分別出來

聖潔意味著被分別出來。

為了說明這一點，保羅在給歌羅西人的信中使用了一個畫面，是我們大多數人都不常用的，那就是割禮。他寫道：

> 你們在他裏面也受了不是人手所行的割禮，乃是基督使你們脫去肉體情慾的割禮。你們既受洗與他一同埋葬，也就在此與他一同復活，都因信那叫他從死裏復活神的功用。你們從前在過犯和未受割禮的肉體中死了，神赦免了你們（或作「我們」）一切過犯，便叫你們與基督一同活過來；又塗抹了在律例上所寫、攻擊我們、有礙於我們的字據，把它撤去，釘在十字架上。（西2:11-14）

保羅借用割禮來描述我們的歸信：我們死在過犯罪惡之中，但是神使我們因信耶穌基督就與祂一同從死裏復活。這裏割禮的畫面很容易被人忽略。我們大多數人都知道割禮的手術步驟是什麼，也知道以色列人會這麼做，但我們不會用切除包皮的意象來思考歸信。

保羅恰恰是這麼做的，原因如下：

在舊約中，神將亞伯拉罕和他的後代分別出來，透過立約與他們建立了一種特別的關係。祂還賜給了他們一個立約的標誌：割禮（參見創17:11）。割禮標誌著亞伯拉罕和他的後代已經分別為聖，是為神所用、蒙神祝福的。若不受割禮，就意味著從這個約的關係中被剪除了（參見創17:14）。

保羅在寫給歌羅西人的信中，用割禮這個意象來討論教會的歸信。當然，他並不是在談論用手術刀切除身體上的一塊皮膚，他是在打一個比方：正如亞伯拉罕的後裔被神分別為聖一樣，每一個與基督聯合的人也已經被基督分別為聖了。

歸耶和華為聖，是分別出來的另一種表達方式，這不是只有真正屬靈的基督徒才有的特徵。基督徒並不是分為兩個等級：真聖潔的基督徒與其他基督徒。所有基督徒都是聖潔的。我們都在基督裏受了割禮，並被分別為聖。

「分別」意味著什麼呢？對於舊約時代的以色列人而言，受割禮只是一個開始。他們穿與眾不同的衣服，吃與眾不同的

食物，管理產業的方式與眾不同，房屋牆壁上的裝飾品與眾不同，甚至髮型也與眾不同。想像一下吧，一個人去理髮店，要求理髮師給他剪一個聖潔的髮型……換句話說，神讓以色列人「分別」出來的計劃，是從第八天的割禮儀式開始，一直到生命的終結。他們一生都在向所有人展現這一點。

　　對於新約時代的基督徒來說，我們的「分別」主要不是身體上的，但也理應是可見的，而且在我們的生活中會越來越明顯。這種「分別」是為了我們生命的益處，也是為了讓所有人都能見證。人們應該從我們的生活方式中看出我們的聖潔。在《歌羅西書》中，保羅從第2章的福音和屬靈割禮很自然地過渡到第3章我們應有的生活方式：

　　　　所以，你們若真與基督一同復活，就當求在上面的事……你們要思念上面的事，不要思念地上的事……

　　　　所以，要治死你們在地上的肢體，就如淫亂、污穢、邪情、惡慾和貪婪（貪婪就與拜偶像一樣）……因你們……穿上了新人。這新人在知識上漸漸更新，正如造他主的形像……

　　　　所以，你們既是神的選民，聖潔蒙愛的人，就要存憐憫、恩慈、謙虛、溫柔、忍耐的心……在這一

切之外，要存著愛心，愛心就是聯絡全德的。（西
3:1-2, 5, 9-10, 12, 14）

由此可見，保羅很關心我們「穿」什麼。我們要「脫下」過去
的生活方式，「穿上」基督的生活方式。保羅並沒有退回到
「好好做人，神就會接納你」之類的道德主義，他總結了我們
歸信、接受了屬靈割禮之後生命要發生變化。

　　當你在街上遇見某個人或者有人搬來做你的鄰居時，你會
通過什麼認出他們是在基督裏新造的人呢？可見的聖潔標誌不
是他衣著奇特或飲食古怪，而是他生命所呈現出來的特點。基
督徒這樣生活不是因為他們最終學會了愛自己，而是因為神改
變了他們的本性。神通過改變他們的本性，使他們分別為聖歸
給自己，是神使基督徒成為聖潔。

　　那麼，醫治或治療文化與聖經所說的聖潔之間有什麼區
別呢？前者會說「你沒事」，而後者說「你已被揀選並分別為
聖」；前者說要愛自己、不用管自己的罪，因為一切都很好，
而後者說我最終的歸宿以及新生命不能與罪共存，所以我必
須棄絕罪；前者試圖令我感覺良好，而後者促使我的生命轉向
神；前者是關注我和我的感受，而後者是關注神及其在我生命
中的工作。

　　當教會陷入到一種治療式的福音時，我們就會把基督徒的生活看作感覺被接納的爭戰，而不是與罪爭戰。我們不再唱有關成聖和恆久忍耐的古舊讚美詩，而是唱一些浪漫的抒情歌曲，其歌詞大多是關於與耶穌的親密關係、耶穌的擁抱、耶穌的溫柔撫慰等。我們認為講道中所有對罪的勸誡都是律法主義的，是利用罪疚感來迫使人順服。我們完全根據接納與否來定義關係，甚至根據治療的需要重新定義順服。例如，如果我不能從理性或情感上認定性純潔或持守一段艱難的婚姻對我有好處，那麼我可能會認為這類誡命只適用於其他人，但神並沒有打算讓我感覺不快或不滿。用神學術語來說，治療式福音教導我們愛福音的表徵，卻避開了福音的誡命，而解讀為表徵還是誡命則要看我自己快樂與否。

　　然而，聖潔並不僅僅是遵行律法或者持守一種外在的道德標準，而是一種新的本性所帶來的自由。

　　是的，我們肉體的私慾一直在與靈魂爭戰（參見彼前2:11），這場爭戰將持續下去，直到主召我們回天家。但是，如果一個人擁有新生命，那麼活出新生命並不難，真正的難處在於不照自己的本性而活。實際上，這不僅僅是難，而是根本不可能。如果一個人沒有被分別為聖，卻可以活出分別為聖的生活，這可能嗎？正如最近一位作者對聖潔的觀察：

　　　一些民意調查員和專家研究了教會的世俗性後

得出結論：重生並不能改變人們的生活方式。事實上，我們應該得出相反的結論：許多去教會的人並沒有真正重生。②

聖潔意味著分別出來、歸於一位新主人

為什麼聖潔如此重要？

最近，有一個參加我們教會活動的肢體就問過我這個問題。他愛耶穌，看起來似乎過著一種聖潔的生活；他在律法主義的教導下長大，直到最近才發現惟獨依靠恩典得救所帶來的自由，但他不想談論聖潔和順服，因為害怕這樣做會破壞福音。他選擇相信的是，神的恩典會在他的生命中做工，使他歸神為聖並且願意順服神。

聖潔很重要，因為「分別」意味著分別出來、歸於一個新主人。這是《羅馬書》第6章所教導的。

首先，保羅用比較溫和的方式拋出了和前面那位肢體一樣的問題：「這樣，怎麼說呢？我們可以仍在罪中、叫恩典顯多嗎？」（羅6:1）既然因著耶穌基督做成的救贖大工，我們已經

---

② Kevin DeYoung, *The Hole in Our Holiness: Filling the Gap between Gospel Passion and the Pursuit of Godliness* (Wheaton, IL: Crossway, 2012), 18.

被神完全饒恕和接納，那我們為什麼不繼續犯罪呢？

　　保羅通過洗禮儀式開始了他的回答：我們藉著洗禮歸入基督的死，並和祂一同埋葬，一同從墳墓中復活（參見羅6:2-5）。然後他解釋了其中的含義：以前，我們「作罪的奴僕」（羅6:6），是因為我們受制於自己的本性，而我們的本性被罪玷污，所以說罪是我們的主。

　　但如今我們的舊人已經死了。神在基督裏賜給了我們新的生命，這生命乃是重價贖回的。這意味著我們現在有了一個新的主人，當效法新主人的樣式。

　　耶穌在世上生活時，侍奉的是神，而不是罪。為了我們的緣故，祂「向罪死了」，而「向神活著」（第10節）。我們與基督的聯合、藉著洗禮歸入祂的死和復活，效忠的對象已經換成一位新的主人。我們過去把身體獻給罪作「不義的器具」，但現在作為「從死裏復活的人」，將生命獻給神，作祂手中「義的器具」（第13節）。

　　由此來看，聖潔很重要，因為這顯明了我們的主人是誰。與世人相比，基督徒向著不同的方向前進，聽從不同的命令。世人也注意到了這一點，有時他們說我們是「基督徒」、「小基督」，以此來侮辱我們。但這些稱呼我們接受起來高興都來不及，因為它正表明了我們效忠於誰。與世人的效忠對象不同，是基督徒常常遭遇逼迫的原因。與周圍其他人相比，我們追求的目

標、遵從的命令都不一樣。我們的生活不是為了驗證世界的正確性，而是為了駁斥它。這個世界也從不喜歡被人駁斥。

我們再來看，治療式福音與聖經中的福音之間有什麼區別呢？治療式福音認為，耶穌來是為了填補你心中的空虛；基於聖經的福音認為，耶穌來是為了在你生命中做主。

治療式福音並不否認耶穌是主，它只是忽略這一點，但結果是一樣的，因為我們心中對愛和接納的需要仍然占據著主導地位。我也許承認耶穌是主，但祂掌管主權的前提是我永遠不會遭受苦難或逼迫，永遠不需要直面自己的罪——尤其是通過其他基督徒指出來的罪。祂永遠不會要求我先放下孩子的事去服侍他，也不會讓我放棄一個體面的職業。我仍然是自己的主，對安全感和被愛的需要仍然是我心中的主導性原則。對主忠心的重要性不言自明。對此，耶穌曾直言不諱地說：「一個人不能侍奉兩個主；不是惡這個、愛那個，就是重這個、輕那個。你們不能又侍奉神，又侍奉瑪門。」（太6:24）

如果你是基督徒，那麼你對基督的忠心將體現在你對待金錢、時間、身體、職業、家庭的方式，你如何愛自己的配偶或孩子，以及你如何對待基督的教會上。

我並不是說效法基督可以一蹴而就。從小時候起，我就真心相信基督。但是隨著年齡的增長，其他事物也在爭奪我的忠心：女生、學業成就、醫生生涯等。當我上大學時，我知道我

必須做出選擇。我永遠感恩的是，神在我大一的時候抓住了我的心，沒有任憑我。如今，三十年過去了，我多麼希望我能夠說：過去三十年裏我一直堅定不移地委身基督。遺憾的是，我常常能感受到其他事物對我的吸引力。我不得不一次又一次回到《羅馬書》第6章，為自己心懷二意的罪悔改，並聽從保羅的勸告，「向罪……看自己是死的」，而「向神……看自己是活的」。

忠於新主人並不是「一勞永逸」的舉動，而是要經歷持續的試煉和更新。就像被徵募的士兵在簽署志願書時宣誓效忠，而每次向經過的軍官敬禮都是在重申這種忠心，基督徒也是如此。我們接受洗禮相當於簽署志願書，而《羅馬書》第6章告訴我們每天要思想洗禮的意義：向罪，我們已經死了；在基督耶穌裏，向神卻是活的。

心中充滿全新的愛

最後，基督徒之所以要聖潔，是因為他們被分別出來，心中充滿全新的愛。

> 親愛的弟兄啊，我們應當彼此相愛，因為愛是從神來的。凡有愛心的，都是由神而生，並且認識

神。沒有愛心的,就不認識神,因為神就是愛。神差
他獨生子到世間來,使我們藉著他得生,神愛我們的
心在此就顯明了。不是我們愛神,乃是神愛我們,差
他的兒子為我們的罪作了挽回祭,這就是愛了。親愛
的弟兄啊,神既是這樣愛我們,我們也當彼此相愛。
從來沒有人見過神。我們若彼此相愛,神就住在我們
裏面,愛他的心在我們裏面得以完全了。(約壹4:7-
12)

怎麼才能確定自己已經重生了呢?可以從你所愛的對象來
判斷。對於墮落、有罪的人來說,根本性的問題在於:我們愛
的是自己,而不是神和鄰舍。我們的心並不像持治療世界觀的
人所教導的那樣,是被動的,或者是缺愛的空桶,在很多錯誤
的地方尋找愛的滿足。事實是,我們的心是敗壞的,只愛自己
而不愛神,更不愛鄰舍。當我們尋求愛時,我們更喜歡人的愛
而不是神的愛,因為人會肯定我們罪的本相。無論我們是誰,
神都應許愛我們,但我們覺得這還不夠好。

當我們在基督裏歸信、成聖、受割禮、受洗歸入神的生
命時,「神就住在我們裏面,愛他的心在我們裏面得以完全
了」。我們愛的對象改變了。神賜給我們一種愛神和愛鄰舍的
新性情。神的愛改變了我們,其明證就是我們有了捨己的愛。

　　若將耶穌對我們的愛降格為一種治愈內心傷痛的治療手段，會有什麼問題呢？耶穌的愛的確以無與倫比的方式充滿了我們，但是治療式福音始終將自我置於我們愛的中心，只有當我自己感到滿足後，才會去愛別人。然而使徒約翰說，真正的愛乃是這樣：耶穌不是感到滿足、被肯定和完全後再來愛我們，而是先為我們的罪被倒空、傷害和破碎，並最終替我們承受神忿怒的責罰。耶穌對我們的愛正是在這裏體現得最為淋漓盡致。與基督一同被埋葬和復活的基督徒，即使他們還沒有完全體會到被神的愛充滿，也被呼召去愛神和鄰舍。

　　在遭受痛苦和逼迫時，基督徒依然去愛；當神似乎缺席時，基督徒仍然去愛；當被他人得罪時，基督徒仍然去愛。我們愛，並不是因為我們感覺到被愛了；我們愛，是因為我們已經被神所愛，而且這種愛已經改變了我們。

　　治療式福音只說出了一半的真理。它告訴我們，神藉著基督愛了我們，因此我們空虛的心靈得到了醫治。其實，全備的福音真理要美妙得多，它能夠使我們脫離貧窮心靈搭建的小王國，能夠更新我們、使我們在服侍愛的君王時被分別為聖。

　　在基督裏，你已被稱為聖潔；而靠著神的恩典，你將會成為聖潔。

第五章

分別，而非刻意設計

對教會群體生活的影響

你還記得品牌牛仔褲問世之前人們怎麼買牛仔褲嗎？那時候人們都去服裝店買普通的牛仔褲，因為只有那種牛仔褲。

上世紀七十年代，品牌牛仔褲出現了。我記得從那時起，學生們開始在意牛仔褲後面的標籤。品牌成了定義身分及歸屬於哪個群體的重要方式。

當然，人們想要歸屬於某個群體的渴望並不是那時候才有的。品牌只是提供了一種新的方式，來實現人們千百年來的願望。至少自巴別塔事件以來，人類就以各種不同的方式把自己歸入不同的群體。與「和自己相似的人」在一起，會讓我們覺得有安全感、更容易被理解和被欣賞，彼此的衝突也會少一些。就這樣，文化把人分成了不同的階層，同一階層的人又根據生活方式的不同再次進行細分。很快，音樂會、保齡球館、

射擊場和教堂裏就擠滿了「像我們一樣的人」。

　　以馬蓋文（Donald McGavran）[1] 等宣教士的教會增長理論為基礎，20世紀的教會領袖們發現，拋開「以不變應萬變」的方式，教會會得到更快的發展。於是，所謂的「品牌教會運動」（the designer church movement）開始了，嬰兒潮教會、X世代教會和千禧一代教會[2]開始出現。郊區教會配備了劇場式座位和茶座，粗獷的嬉皮士城市教會時尚得像街頭俱樂部。在大多數情況下，教會這樣做的目的是為了減少「教會氣」，去接觸到某個特定的群體。所以，教會活動迎合著目標群體的天然興趣，服侍同工打扮得像圈內人士。從表面上看，這種策略可謂行之有效。美國規模最大的那些教會就是這麼做的，畢竟物以類聚、人以群分。

　　但這樣做符合聖經的教導嗎？

　　上述做法實際上與聖經中關於歸信的教義大相徑庭。聖經教導我們，基督徒和教會本應與世界分別開來，而不應刻意設計。我們應該與世界分別，而不是效法它。正是教會與世界的

---

[1]　美國著名宣教理論家，提出向那些與我們的文化、語言、生活習慣類似的人傳福音等增長策略。

[2]　嬰兒潮指 1946 年至 1964 年出生的人，18 年間嬰兒潮人口高達 7600 萬人，這個人群被通稱為「嬰兒潮一代」；X 世代出生時間範圍有一說為 1965 年至 1976 年；千禧一代出生時間範圍是 1983 年至 2000 年。

這種不同，佐證了我們所傳講的信息是真理。

　　作為一個來自基要主義背景的基督徒，我要直截了當地說，在追求與世界分別時，我們往往用錯了方式：穿不一樣的衣服、不打牌、不看電影、看不起非基督徒，然後愚昧地以這些為榮，將其當成聖潔生活的標誌。其實，神在意的不是風格和偏好，而是生命和愛心究竟如何。歸信的教義告訴我們，教會應該是一個分別出來的共同體。

一個分別出來的共同體

　　在整本聖經中，神一直呼召祂的子民與世界分別開來，從伊甸園、挪亞方舟，到埃及和曠野，到應許之地的以色列，再到彼得稱基督徒「是客旅，是寄居的」（彼前2:11）。儘管外邦人與以色列人混居，但聖經仍要求神的子民過分別為聖的生活。問題是，我們常常想與世人一樣：舊約時代，以色列民想像其他國家一樣有一位王；新約時哥林多教會想用出眾的口才來展示他們如何緊跟時代潮流；當今的福音派人士則擔心世人是否認為基督徒頭腦足夠聰明、政治手段足夠老練、文化足夠精通。

　　但是保羅提出了一個完全不同的看法：

　　　　你們和不信的原不相配，不要同負一軛。義和

不義有甚麼相交呢？光明和黑暗有甚麼相通呢？基督
和彼列有甚麼相和呢？信主的和不信主的有甚麼相干
呢？神的殿和偶像有甚麼相同呢？因為我們是永生神
的殿，就如神曾說：

　　「我要在他們中間居住，在他們中間來往；

　　我要作他們的神；

　　他們要作我的子民。」

　　又說：「你們務要從他們中間出來，

　　與他們分別；

　　不要沾不潔淨的物，我就收納你們。

　　我要作你們的父；

　　你們要作我的兒女。」

　　這是全能的主說的。

　　親愛的弟兄啊，我們既有這等應許，就當潔淨
自己，除去身體、靈魂一切的污穢，敬畏神，得以成
聖。（林後6:14-7:1）

　　保羅使用了很多比喻，目的都是為了在教會與世界之間劃
一道清晰的界線。地方教會成員是靈裏「相通」的肢體，是在
「光明」而非在「黑暗」中「同負一軛」的，是在「基督」裏

而不是在「彼列」裏，是「信主的」而不是「不信主的」，這些區別的本質在於「義」和「不義」。

保羅說的不是誰有資格參加教會聚會，而是哥林多教會的成員如何在盟約中彼此委身，如何與基督、與教會的弟兄姊妹互相認同。他們在一起就成為了「神的殿」。

教會是一群在基督裏同負一軛的基督徒（參見太11:29-30）。教會的成員並不是刻意遠避不信的世人，也不是為了獨特而獨特，而是因著對神心懷敬畏，明確地與世人有別，分別出來做神的子民。

然而，我們太容易自欺，說自己想接接地氣、容易跟人建立關係，而實際上我們是在尋求認同。於是我們用各種吸引人的方式來設計教會，卻不料在此過程中我們與自己所傳講福音的大能和信息相矛盾。我們暴露出自己真實的信心，容讓世界用它的方法來塑造教會。

那麼我們這個有別於世界的共同體應該是什麼樣的？根據聖經的教導，這種分別應該包括聖潔的生活和捨己的愛。

聖潔的生活

使徒彼得教導我們要聖潔。他寫道：「你們……不要效法從前蒙昧無知的時候那放縱私慾的樣子。那召你們的既是聖

潔，你們在一切所行的事上也要聖潔。因為經上記著説：『你們要聖潔，因為我是聖潔的。』」（彼前1:14-16）這就是神對那些因「基督的寶血」而「得贖」之人的要求。（參見彼前1:18-19）

　　這對一個地方教會共同體意味著什麼？這意味著教會應該與周圍的文化有根本的區別。這種區別不僅因為我們在個人生活中效法基督，還因為我們非常看重教會的整體見證。我們明白，我們的生命不再屬於自己，因著同屬基督，我們也彼此相屬。果不其然，在接下來的經文中，彼得將我們形容為「聖潔的國度」，是客旅和寄居的，「在外邦人中，應當品行端正，叫那些毀謗你們是作惡的，因看見你們的好行為，便在鑒察的日子歸榮耀給神。」（彼前2:9，11-12）。

　　教會重視聖潔，也意味著要正確執行教會紀律。例如，保羅曾寫信給哥林多教會，讓他們把一個人從教會中趕出去，因為此人的生活甚至連外邦人都覺得可恥（參見林前5）。他希望他們將此人從教會中趕出去，既是為了讓這人悔改，也為了避免軟弱的肢體受其影響而誤入歧途，還為了讓教會外面的人能相信福音的歸正大能。保羅不想讓任何人對「成為基督徒意味著什麼」這個問題感到困惑。他知道問題的關鍵不是罪本身，因為即使是真正的基督徒也會犯罪。問題在於，倘若基督徒不知為罪悔改，那麼當他再次面對罪的誘惑時仍會繼續犯

罪。這樣一來就與他聲稱自己是基督門徒背道而馳了。保羅知道，一旦情況變成這樣，教會所傳的所有福音信息的可信度就岌岌可危了。

有時，因著愛的緣故，我們不得不說些重話。雖然無人能誇口洞悉人心，但是我們可以通過指出那些不悔改的罪來幫助彼此追求聖潔。通常情況下我們是私下指正，有時候也會通過公開的訓誡，此外還會採取停止主餐和從成員中除名的方式懲戒長期陷在罪中不肯悔改的人。基於聖經的教會紀律不是律法主義或審判性的，而是出於愛的——無論是對被管教的人還是對旁觀的世人，都是這樣。眾人都需要瞭解這個事實，耶穌基督的福音真的改變了我們的生命。

捨己的愛

最後一點，教會應該是一個彼此相愛的共同體，這是與有世界分別的地方。耶穌說：「我賜給你們一條新命令，乃是叫你們彼此相愛；我怎樣愛你們，你們也要怎樣相愛。你們若有彼此相愛的心，眾人因此就認出你們是我的門徒了。」（約13:34-35）

耶穌告訴我們，我們的見證是建立在彼此相愛的基礎上，祂怎樣愛我們，我們也要怎樣彼此相愛。祂是怎樣愛我們的

呢？他為我們被釘死在十字架上。那麼我們應該怎樣彼此相愛呢？彼此饒恕和為彼此捨命。

隨著《使徒行傳》對福音故事的進一步展開，我們瞭解到，這種在基督裏的彼此相愛不僅針對猶太基督徒，也延伸到外邦基督徒。保羅後來寫道，藉著福音，猶太人和外邦人在愛和合一中成為了一個新人，神借此向整個宇宙展現出難以置信的智慧、能力和恩典（參見弗3:10）。

畢竟，愛和我們相似的人並不難，這不需要從神而來的智慧和能力。耶穌也說過，即便是稅吏也會有朋友（參見太5:46）。但是當我們還作耶穌基督的仇敵時，祂就愛了我們。效法基督的愛，去愛那些與我們截然不同的人，這的確需要福音的大能。

最近，我們教會為一位美學造詣很高的藝術系教授施洗。確切地說，美術教授並不屬於教會的主要福音對象，教會主要牧養的是藍領工人和普通百姓。在與他進行成員面談時，我問他為什麼選擇加入我們的教會。他承認，在某些方面確實存在著文化差異，但是因為剛剛成為基督徒，所以他知道他所需要的並不是和與他相似的人聚在一起——那樣的人他已見過很多，他需要的是與他分享基督、且無條件愛他的人。

因為基督的緣故，我與教會一位退休寡婦的共同點甚至比我與一個不信的父親還多，儘管後者與我同齡，像我一樣喜歡

遠足和露營。同樣因為基督的緣故，一個中年白人商人和一名年輕的美國印第安婦女身上的共同點，超過了他與俱樂部裏非基督徒的共同點。對世人來說，這似乎很奇怪，但卻是事實。唯一的解釋就是，耶穌基督的福音使我們合而為一。

我們在福音中所享有的合一的愛，是教會與俱樂部之間的關鍵區別，也是我們不應該把教會塑造成一個俱樂部的原因。俱樂部、團體組織和被世界塑造的教會是「和自己相似的人」聚在一起享受彼此共同點的地方。但是真正的教會是這樣的，我們不需要基督以外的任何共同點就能彼此切實相愛。

我們如何實踐這一點呢？比如，教會可以熱切地尋找並歡迎基督徒國際學生和移民；比如看上去比較富裕的白人教會幫助不太富裕的少數族裔教會，並向他們學習；比如教會用自有資金植堂，而不是為了增加奉獻去拓展事工規模；比如一群青年小組組員在周五晚上探訪教會一名中風的老人，唱歌給她聽、鼓勵她——這事確實在我們教會發生過——隨訪護士還好奇地問這位長輩是否是位名人，不然怎會有這麼多人來探望她？青年小組的一個組員回答說：「不，她不是名人。她只是我們教會的一員。」

如果一個教會是嬰兒潮教會，吸引嬰兒潮世代的人會相對容易；如果是X世代教會，吸引X世代的人會相對容易；如果是潮人教會，吸引喜歡趕時髦的人會相對容易。或者，教會也

可以按照不同的風格、形式開展不同的事工，以便人們都能找到和他們相似的人。但是這不是俱樂部的做法嗎？這樣誰還需要福音的大能呢？

　　當教會的弟兄姐妹活出不同的生命（追求聖潔）、不同的愛（饒恕敵人）和不同的風貌（跨民族、跨世代、跨經濟階層）時，福音的大能和真理就在此顯明了。當我們這愛的共同體的成長得超過了世界的預期時，我們就為耶穌和福音做了見證，因為這樣的共同體只能用改變生命的福音來解釋。

第六章

呼召，而非銷售

對傳福音的影響

1892年，氣派、典雅的馬歇爾·菲爾德旗艦店（Marshall Field & Company）在芝加哥開業。每天早晨，創始人菲爾德都會巡視這個以他名字命名的商場，為了確保一切業務運轉正常。一天早上，他看到他手下一位經理在與一名顧客爭吵。他問經理：「你在這兒幹什麼？」經理回答：「我在處理客戶投訴。」菲爾德厲聲說：「你不是在處理什麼投訴，照這位女士說的做！」[1]

在美國的新興自由市場中，菲爾德是最早意識到「顧客就是上帝」的人之一。在此之前，「一經售出概不負責（顧客須當心）」這句諺語定義了買賣雙方之間的關係。而現在變成了

---

[1] Lloyd Wendt, *Give the Lady What She Wants! The Story of Marshall Field & Company* (New York: Rand McNally, 1952), 223.

「顧客永遠是對的」，美國驚人的經濟繁榮增長也從此開啟。

在二十世紀，隨著市場營銷理念趨於成熟，銷售策略也發生了轉變，變得較少聚焦產品，（聚焦產品的典型例子是福特T型車，它的廣告詞是「質優價廉的汽車」。）而如今銷售策略更多聚焦於客戶的慾望甚至身分感，比如「這可不是你父親開的舊款」。舉例來說，在二十世紀六十年代，百事可樂聲稱其產品面向的是「百事一代」，開始利用所謂的代溝進行營銷。這種營銷策略最後被總結為「生活方式營銷」。

不出所料，這些以消費者為導向的策略很快就從商業領域拓展到了宗教領域。在二十世紀下半葉，人們對「得救」或「赦免」的問題變得不那麼在意，轉而開始關注其他需求：幸福、人生目標、滿足、戒除癮症、令人滿意的性生活等。而教會也以關注人的「切身需求」的福音佈道來回應。你無須改變福音的內容，只是將福音包裝成人們想要的樣子，比如滿足和自由，而不再強調那些他們不想要的東西，比如赦免。一位知名的福音派基督徒認為這種轉變背後的邏輯是：「我深信，如果發現了打開人內心的鑰匙，那麼任何人都可以歸向基督……有時這個鑰匙很難被發現，但最有可能的方法是從人的切身需求入手。」[2]

---

② Rick Warren, *The Purpose Driven Church* (Grand Rapids, MI: Zondervan, 1995), 219. 中譯本參考《直奔標杆》，上海：上海三聯書店，2010 年版。

這種方式至少在美國相當有效。教會中充滿了那些從無目的、痛苦的生活中被拯救出來的人。只是沒人知道他們是否從神的審判中得了拯救。

基於聖經的歸信教義對傳福音的方式有重大影響。如果歸信是神作工的結果，是祂賜給我們一顆悔改並相信福音的新心，那麼傳福音就不應該是一種營銷策略——確定人的切身需求，進而根據這種需求來包裝福音信息。如果某個國家的總統派遣他的大使去警告敵國，而這位大使卻只說他認為敵國想要聽的話，你覺得這位大使做得對嗎？傳福音需要忠實地傳達從神而來的權威信息。無論人們能否感受得到，神的信息都警示我們，所有人都有一個非常真實的需求，而且都要對神的警示有非常特殊的回應。正是這一信息，因聖靈的大能，明顯地歸正了像你我這樣的罪人。

因此，我們應該問的問題不是如何「銷售」福音，而是如何傳達福音信息。真正的挑戰不在於技巧，而在於能否忠實和清楚地傳達。對於這個問題，《哥林多後書》第4章說得再清楚不過了，其中保羅描述了自己傳福音的方式。

清楚地傳福音

首先，我們必須清楚明白地傳達福音信息。保羅寫道：

　　　　乃將那些暗昧可恥的事棄絕了；不行詭詐，不
　　謬講神的道理，只將真理表明出來，好在神面前把自
　　己薦與各人的良心。　（林後4:2）

　　福音的內容很清楚。因此，對保羅而言，成功地傳福音
就是「將真理表明出來」。它並不是要誘導人做出回應。如果
那麼做的話，保羅就會受試探使用「暗昧可恥」的手段，包括
會用「詭詐」或「謬講神的道理」的方式，來雕飾他的講道辭
藻，旨在迎合聽眾的口味，從而提高傳福音的成功率。但是，
保羅說他已經「棄絕」了這一切手段。

　　另外，如果成功傳福音意味著要清楚講明真理，那麼我們
時常聽到的那句話就值得再思了，它說：「無論何時都要傳福
音。必要時要用言語傳。」顯然，神和保羅都認為傳福音需要
用言語。

　　但這並不是說只能使用言語這一種表達方式。我發現，記
住神、人、基督和回應這幾個關鍵詞是很有用的，不過概括福
音信息還有其他的方法。但無論用什麼方法，都應把福音內容
傳達清楚。

　　福音不只是「神愛你」或「耶穌會給你生活目標」那麼
簡單，也沒有承諾你相信之後就會婚姻幸福、事業成功或子女
成才。它可能會在這些方面有所幫助，但不能保證。福音的核

心乃是，耶穌代替罪人受死，並且從死裏復活，平息了神的忿怒，使我們得以與神和好。

當我們宣揚福音帶來的好處是滿足人的切身需要，而忽略了福音的核心內容時，我們所傳的並不是合乎聖經的福音，而是打了折扣的福音。誰不想要平安、滿足和更美好的家庭生活呢？講這樣的信息，聖靈不需要做重生的工作，人們就會欣然接受。喬治·巴納（George Barna）對經常去教會的嬰兒潮一代進行調查，發現切身需要導向的福音給他們帶來的影響：

> 他們「單單承認了一次自己是不完美、軟弱的」，就獲得了「與神永遠和好」作為回報。造成的結果就是，「成千上萬的嬰兒潮一代做了決志禱告，請求神的赦免，然後繼續著往日的生活，幾乎沒有任何改變……」他們「發現這是一筆好買賣，可以利用神得到他們想要的東西，並且無須放棄任何重要的東西。」③

正確的歸正教義教導我們，要清楚地告訴人們福音的好信息。

---

③　出自 David Wells 的 *Above All Earthly Pow'rs: Christ in a Post-Modern World* (Grand Rapids, MI: Eerdmans, 2005), 302.

誠實地傳福音

我們必須告訴人們要先計算代價，這才是誠實地傳達福音信息。在接下來的《哥林多後書》中，保羅提到了這個代價：基督「替眾人死，是叫那些活著的人不再為自己活，乃為替他們死而復活的主活」（林後5:15）。這一點保羅是從耶穌的話中學到的，耶穌曾說：「因為，凡要救自己生命的，必喪掉生命；凡為我和福音喪掉生命的，必救了生命。」（可8:35；另見太16:24）

如果我們不告訴人們需要計算代價，而是宣揚福音會滿足人的切身需要，當苦難和試煉來臨時，我們就將他們置於失敗的境地。當年輕的母親去世、孩子叛逆或者失業時，他們對基督的信心會怎樣呢？

真正的歸信是由神賜下的，它的特徵是悔改，能使我們承受各樣的苦難。真正歸信的人看基督為至寶，而不僅僅是滿足切身的需要。大衛‧布萊納德（David Brainerd）沒有選擇在波士頓殖民地過好日子，而是選擇向美洲原住民傳福音，結果卻因患上結核病而早早離世，他會為自己的決定感到後悔嗎？去緬甸宣教的耶德遜（Adoniram Judson）失去了妻子和孩子，會不會覺得自己選擇錯了？威廉‧威伯福斯（William Wilberforce）為了抵制奴隸貿易，放棄了當英國首相的機會，他會為此惋惜嗎？不，他們都沒有。他們的見證與保羅的一

樣：「我們這至暫至輕的苦楚，要為我們成就極重無比、永遠的榮耀。」（林後4:17）

　　然而，銷售的思維模式讓人很難在傳福音時告訴他們，做基督的門徒需要付代價，因我們害怕說出跟隨耶穌的全部真相，這樣一來我們所「銷售」的福音不過是次等的榮耀。真相是，耶穌的確會賜給他的跟隨者豐盛的生命，但這種豐盛的生命是因為你明白了生命不再屬於自己、要為神的榮耀而活。

　　我們必須**誠實**地傳福音。

迫切地傳福音

　　其次，基於聖經的傳福音應帶著緊迫感。想一想保羅的迫切之情：「所以，我們作基督的使者，就好像神藉我們勸你們一般。我們替基督求你們與神和好。」（林後5:20）

　　聽眾需要對福音做出回應，因為這是生死攸關的大事。因此，保羅懇求人們「與神和好」。傳福音不是冷冷的、超然的、隨意問問「你怎麼看這個問題」，而應該是誠懇、溫和、真摯、明白、迫切的。

　　這並不是說保羅沒有禮貌、強勢或者有控制慾。正如我們在《哥林多後書》4章2節看到的，他放棄了用「暗昧可恥」的方式來傳福音。他努力清除福音的絆腳石（參見羅14:13；林前8:9），認真思考如何用不同的方式向不同的人傳福音（參見林

前9:20-23）。由此來看，他的誠懇與迫切並不意味著冒犯或強勢，而是清楚地表明了他的佈道正如清教徒巴克斯特（Richard Baxter）那句名言所説的，是「一個垂死之人在向一群垂死之人傳道」。

這與大多數處於我們後現代文化中的人何其不同！我們努力把福音信息説得很低調，好像是在談論選擇某種生活方式。然而，若我們談論生死攸關的問題就像談論生活方式的選擇一樣，這難道不是在向聽福音的人表明，我們實際上也不相信跟隨基督是一個生死攸關的問題嗎？畢竟，媒介本身就是信息。

在傳福音時，我們必須敦促人們今天就悔改並相信。生命原是一片雲霧，我們並不知道何時會終結。因此聖經説，你們「今日」若聽到神的話，就應該悔改（參見來4:7）。

我們是為君王傳話的使者，而不是招攬顧客的銷售員。我們必須迫切地勸人與神和好。

大有信心地傳福音

最後，福音信息本就大有能力，不需要我們的協助。因此，我們傳福音時應該大有信心。

保羅很清楚，並非每個聽到福音的人都會成為基督徒。但這是否是因為他的方法不對或信息有誤？不是的，問題在於不

信的人心眼是瞎的。保羅寫道：

> 如果我們的福音蒙蔽，就是蒙蔽在滅亡的人身
> 上。此等不信之人被這世界的神弄瞎了心眼，不叫基
> 督榮耀福音的光照著他們。基督本是神的像。（林後
> 4:3-4）

罪和人心的敗壞攔阻我們認識真理，而這種瞎眼是故意的。

保羅如何對付瞎了的心眼呢？他並沒有更好的方法或信
息，因為他知道這件事必須由神來做：

> 我們原不是傳自己，乃是傳基督耶穌為主，並
> 且自己因耶穌作你們的僕人。那吩咐光從黑暗裏照出
> 來的神，已經照在我們心裏，叫我們得知神榮耀的光
> 顯在耶穌基督的面上。
> 　　我們有這寶貝放在瓦器裏，要顯明這莫大的能
> 力是出於神，不是出於我們。（林後4:5-7）

我們的神曾用一句話創造出自然之光，他也能用一句話使
屬靈之光照亮不信之人心裏的黑暗。這表明能力「是出於神，
不是出於我們」。保羅大有信心地宣講福音，他知道神正在使

用他宣講神親自發出的呼籲，並且神的話語將在死亡與黑暗之地創造出生命與光明。

　　為什麼我們沒有更殷勤地傳福音呢？我認為，許多人是因為恐懼與沮喪的緣故。他們擔心因為人們不接受福音而遭到拒絕或挫敗；但另一方面，有些人又因為傳了福音、看到有人歸信而沾沾自喜。然而，膽怯的人和驕傲的人都忘了一件事：唯有神才有創造宇宙的能力。我們搞不清到底誰該負責傳福音，以及誰負責傳福音的果效。如果我們搞不清，肯定會犯這樣的錯誤：要麼不再傳福音，要麼成為純粹的實用主義者，為取得成果而不惜一切代價。過不了多久，我們便開始熱衷於採用保羅唾棄的哄騙和操縱方式，然後制造出一批假的歸信者。

　　我們要做的是清楚、誠實、迫切和大有信心地宣告福音的信息。神的工作是救贖和使人歸信。認識到這一點會改變我們對傳福音成功的衡量標準。我們的成功並不取決於成果或數字，而取決於是否忠實地傳講。我們無須對結果負責，因此也就無須強迫或操縱。我必須再次強調，我們並不是在努力做成一筆買賣，這會帶來錯誤的歸信。相反，我們可以自由地去愛，去敦促，甚至用警告和和平的話去懇求。

　　福音就是神向罪人發出愛的呼召。我們是神的使者，是傳遞神信息的發言人。我們向世人所傳的信息非常清楚：「求你們與神和好。神使那無罪的，替我們成為罪，好叫我們在他裏面成為神的義。」（林後5:20-21）弟兄姊妹們，有人已經把這個好信息分享給你了，你將會跟誰分享它呢？

第七章

評估後提供確據

對事工的影響

大約二十年前，因為研究生學業的需要，我們舉家搬到英國。對我而言，那幾年至關重要。然而，光陰荏苒，事過境遷，後來發生了太多的事情，以致我竟茫然若失：「我真的去那邊讀過書嗎？」但牆上的掛框裏那張紙（文憑）就是我曾經到那裏讀過書的證據。掛框裏的文憑所起的作用很像我們拍的照片，它們都是某些事情曾發生過的證據，而我們也難以忘懷。

但有時我們想要確據，並非因為擔心自己會忘記，而是因為此事太重要了。美國移民與海關執法局（ICE，Immigration and Customs Enforcement）若要確認我是不是美國公民，不會憑藉我說了什麼，只會要我出示證明——護照。任何人都可以自稱是一名醫生或者律師，但我想要看他們掛在牆上的執業證書，因為那才是他們合法執業的佐證。

　　然而，有些事情比這些更重要，證明起來也更困難。比如：我是被愛的人嗎？我重要嗎？對於一個基督徒來說，沒什麼比「我信主嗎？」更重要的問題了，因為這問題的答案決定著我們永恒的命運。那麼我們當從何處尋找相信的證據呢？

定義問題

　　在第三章中，我簡要地提到了提供歸信確據的主題，以及帖撒羅尼迦人的「歸信榜樣」。本章我想進一步探討這些問題，並就教會應如何謹慎地提供明智的、基於聖經的確據給出一些實用的建議。

　　確據的話題不是指懷疑論者問的問題——「基督教是真理嗎」，而是已宣信的基督徒的問題「**我真**相信神嗎」，它與真理本身無關，而是關乎信徒的確實性和可信度。

　　對於每個自稱是基督徒的人來說，確據很重要。我們每天的所思所行，都令我們宣信的可信度受到質疑。我們放縱罪惡的慾望，行事為人就像是故意惹動神的怒氣，並以行善自誇，以為這樣做會提高我們在神面前的地位……面對所有這些對我們不利的證據，我們在哪裏才能找到確據，表明自己真是信徒而不是在自我欺騙呢？

　　真正的確據最終必須通過定睛於基督來獲得，而非通過我

們在生命中蒙恩的證據。然而，聖經確實教導我們要省察是否有得救的確據。「你們總要自己省察有信心沒有……」（林後13:5）此外，教會也能幫助我們。如果處理得當，這種省察既能警醒自欺欺人者，又能安慰自我懷疑者。不過，一定要把本章與下一章放在一起讀，因為下一章要講的是硬幣的另一面。一方面，我們要進行自我省察；另一方面，我們也把懷疑的益處應用到彼此身上。

　　基督徒在哪裏可以找到信仰的確據？讓我們來探討兩個可能的答案。

確據是指「我曾說過的話」嗎？

　　在第三章中，我提到過自己曾與某知名機構合作，舉辦過一次大型的福音佈道會。機構帶領者培訓我們時說，帶領人們做一個簡單的認罪和信心的禱告，然後以發給他們一張帶有日期的卡片為證，來證明他們已經得救。

　　今天的基督徒若想確保他們的信心是貨真價實的，一個主要依據是曾經說過的話。你是否做過決志禱告？你是否認過罪？如果是，那麼你就是基督徒！我就是在這樣的教導下長大的，我也聽到過不計其數的人說過同樣的話。

　　將我們說過的話作為得救的確據，為這種做法尋找聖經依

據似乎並不難。使徒保羅寫道：「你若口裏認耶穌為主，心裏信神叫他從死裏復活，就必得救。」（羅10:9）確實，我們得救不是靠著善行，而是因著信，一種我們口裏承認的信心。

　　但是，信心究竟是什麼？僅僅是指一次禱告和認罪嗎？保羅對帖撒羅尼迦人的教導會對我們回答這個問題很有幫助。他說，他們「作了馬其頓和亞該亞所有信主之人的榜樣」（帖前1:7）。他還說：「你們向神的信心……在各處……因為他們……報明……你們是怎樣離棄偶像，歸向神，要服侍那又真又活的神，等候他兒子從天降臨。」（帖前1:8-10）保羅指的並不是他們做的那個禱告，而是他們所表現出來的那種鮮活信心。

　　真正的信心包括三個方面。首先是知識。人們不會相信自己不瞭解的事物。其次是認同。僅僅知道耶穌曾降生在地上，代替我們而死，然後從死裏復活的事實是不夠的，還必須認同這一點。第三是個人的信靠。椅子是用來坐的，僅僅知道並且認同這一點還不夠，信心意味著你要實際坐下去，並相信椅子能承受你的重量。鬼魔知道並認同有關耶穌的真理，但它們並不相信耶穌（參見雅2:17-19）。

　　帖撒羅尼迦人不只是做了決志禱告，他們還積極地信靠福音裏的那位神。保羅說，他們的信心引導他們「離棄偶像，歸向神」（也就是悔改），夫「服侍那又真又活的神，等候他

兒子從天降臨」（也就是信靠）。他們的信心是一種活潑的盼望，而不是過去曾經有信心而已。

當我們在「自己曾經說過的話」裏尋找得救的確據時，會發生兩件事：一是有些人還沒有得救，我們就向他們保證說他們已經得救；一是有些人已經得救了，但我們卻使他們永遠找不到他們所需要的確據。畢竟，如果我禱告的內容不合適或者禱告得不夠真誠怎麼辦？如果我只不過是為滿足別人的期待呢？如果，如果……我曾帶著這些疑慮生活了很多年。我對自己得救與否完全不確定，只好一次又一次禱告，盼望**這次**的禱告能管用。

因此，如果不能在曾經說過的話中尋找確據，那麼我們該上哪裏去找呢？

確據是指「你看到的」嗎？

假設某人宣稱自己相信了基督，可以從別人在他身上看到的得到確據。保羅感謝神，因為有一些恩典的證據可以顯明帖撒羅尼迦人是真信徒。他對他們的得救很確定，也希望他們自己能有確信。

我們可以將保羅的看法歸納成三類。首先，他指出了**聖靈重生了他們的證據**：

> 我們為你們眾人常常感謝神……記念你們因信
> 心所做的工夫，因愛心所受的勞苦，因盼望我們主耶
> 穌基督所存的忍耐……我知道你們是蒙揀選的；因為
> 我們的福音傳到你們那裏，不獨在乎言語，也在乎權
> 能和聖靈，並充足的信心。（帖前1:2-5）

保羅強調了他們對神的信心、盼望和愛心，以及聖靈的權能和充足的信心。在第6節中，他提到了「聖靈所賜的喜樂」。當然，非基督徒也會愛人，也會快樂地做事。但是保羅在這裏發現了一些與眾不同的東西，他們與天父極其相似，好像一家人一樣。這就如同人們看到我孩子的照片後第一反應就是：「哇！這孩子就是勞倫斯家的，肯定沒錯！」同樣的道理，帖撒羅尼迦人的信心、盼望和愛心證明了他們是從神而生的。

其次，保羅看到了他們當下的、積極的信靠。他如此寫道：

> 並且你們在大難之中，蒙了聖靈所賜的喜
> 樂……因為主的道從你們那裏已經傳揚出來。你們向
> 神的信心不但在馬其頓和亞該亞，就是在各處也都傳
> 開了……（帖前1:6,8）

儘管身處苦難之中，他們仍然樂意接受主的福音，也向別人分享這一信息。第三節中提到「因盼望……所存的忍耐」，暗示帖撒羅尼迦人仍處於逆境之中。這不是一種過去的信心，也不是他們去年的禱告事項，而是人們當前可見的事實。

第三，保羅指出了一種成長模式。帖撒羅尼迦人效法保羅（參見帖前1:6）。其他人也「報明」了同樣的事（參見帖前1:9）。他們的信心並非曇花一現，而是繼續「根基穩固，堅定不移，不致被引動失去福音的盼望」（西1:23）。

提供確據是一種團體性的工程。保羅和其他人可以報明所看見的，這大大激勵了帖撒羅尼迦人。

當我們意識到，確據不僅取決於我所說的，還取決於你所看見的時，一件奇妙的事就發生了：我不再只是注目於自己，而是邀請你來觀察我，反過來我也觀察你。基督徒的生活與教會就從自己尋求確據轉變為別人看出我有確據。轉瞬之間，地方教會就成為了一件無與倫比的禮物，神以此來鼓勵、幫助我們。教會不再是一個裝模作樣的地方，而是在各自生命中指明聖靈作為的地方——一個提供信心確據的團體。

請告訴我，我信主了嗎？

在地方教會裏，我們可以通過以下八種方式來幫助彼此回

答「我信主了嗎」這個問題。

　　首先，放緩教會成員資格認證的進程。我們不應為加入教會設立過高的門檻，但也不要像我從小成長的那些教會一樣，第一次參加主日禮拜時就能加入教會。要制訂一套切實可行的流程，這可能包括新朋友的一頓午餐、成員課程以及與牧師的一次面談。如果你的教會裏有多位長老，那麼請長老們提名預備成員和審核成員資格申請。如果你的教會是會眾制教會，那麼可以在成員大會上對預備成員進行投票，這種會議每年召開四到六次。這樣一來，不僅預備成員能有時間瞭解教會，而且教會也能有時間瞭解這些預備成員，並觀察聖靈在他們生活中工作的憑據。（是的，我並不喜歡為預備成員刻意安排一段考察期的做法。）

　　其次，請牧師或長老們進行成員面談。他們是牧者，其工作就是看守羊圈的門。面談的目的不是要測試人們對聖經知識或深奧神學的理解程度，而是在一個安靜的環境中花時間聆聽對方訴說自己的經歷。畢竟，你在主日聚會後走廊裏的短暫交談中能瞭解到的十分有限。面談目的是瞭解某人的生命裏曾經發生過什麼，耶穌基督是如何改變了他且正在改變他，並聆聽他基於福音的盼望。經過這個流程後，當一位長老提名此人加入教會時，這一提名才是有意義的。

　　第三，重新考慮洗禮和主餐的規定。不要只是邀請人來

受洗，而是要像新約聖經中那樣將洗禮和成員身分結合在一起。使徒不會為不屬於一間地方教會的基督徒施行洗禮，但在宣教前線除外，比如那位衣索匹亞的太監。在禱告會上花點時間聽受洗的見證——不是關於禱告的內容，而是關於生命的改變。談到領主餐時，不要說「主餐桌向你敞開」，而要花時間向大家解釋誰應該領受主餐：宣講福音的地方教會中受過洗的人。這就是所謂「圍護主餐（fencing the table）」的意思。要在領主餐前鼓勵成員省察自己的內心狀況和人際關係。寧可慢一點，也不要用自助式或免下車的方式分主餐。要彼此服侍，然後一起分享主餐。我們不是讓人們自己決定要不要領主餐，好像教會只是一臺自動售貨機。我們同領主餐時是在說：「我能看得出你是信主的，所以你屬於這裏。」或用保羅的話說：「我們雖多，仍是一個餅、一個身體，因為我們都是分受這一個餅。」（林前10:17）

第四，在為孩子的信仰提供確據時要特別謹慎。不恰當或無根據的確據會像疫苗一樣抵擋真正的信心。呼召孩子來相信，教導他們，並在信心中建立他們。當他們口裏承認信仰時，要表示祝賀。但是請記住，信仰的真正證據是信靠，而信靠則需要時間和機會來證明。這與年齡大小無關。有些人在很小的時候就能表現出真正的信靠，而另一些人可能需要更長的時間。任何遲延都與孩子是否重生無關，而在乎教會能否充滿

信心地堅固孩子的信仰。

第五，賦予成員身分更多的意義。成員制不是一紙清單，上面是某一時期內與教會有關的人員名字。它是一張當前的、公開的、責任關係網。透過定期參加教會的公共服侍，並在生活中彼此建造，我們幫助瞭解彼此的信仰。如果你不參加主日聚會，不參與服侍，也不將自己的生活融入教會中，那麼你如何能幫助人瞭解他們的信仰？他們又如何幫助到你呢？

第六，執行教會紀律。執行教會紀律並不意味著你不喜歡某人或生某人的氣，也並不意味著某個人再三犯同樣的錯誤，或者一些人比其他人要好，也不是說某人要下地獄。執行教會紀律意味著，教會不能夠再提供證明某人信神的證據。這可能是因為對方持續犯罪、不肯悔改，也可能是因為某些人離開了教會，因此這間教會無法瞭解他們的生命狀況。無論出於何種原因，教會紀律都是一種出於愛的行為。我們所有人都有可能自欺欺人。而教會紀律意味著會眾不會再錯誤地安慰自己和他人說：「至少我們小時候就做了決志禱告。」相反，出於愛心的緣故，教會不會滿足於信徒過去的信心，也不會讓信徒自己滿足於此。

第七，在輔導和門訓中首先訴諸福音。福音是為了基督徒的益處，因為它不僅能歸正我們，還能使我們產生持久的改變。要抵擋罪惡，否則你會讓他們在通向地獄的路上感覺更加

舒服。但在面對罪時，我們切莫這樣說：「改了吧！再努力點，給你些提示和竅門。」相反，要呼召彼此不斷悔改，重拾信心，向彼此證明你們所信的。

第八，請記住，關係對我們而言，更多的是一種鼓勵，而非責任。當你看到你所愛的弟兄姐妹其生活與信仰不一致時，要用愛心和溫柔的話語去糾正、勸誡，甚至責備他們。但更重要的是，當你看到他們表現出信心、盼望和愛心時，要及時肯定和鼓勵他們。有時我們很難找到自己得救的確據，因為我們總關注自己的罪，以致於遮擋了我們的視線。我們的判斷力常常被綑綁我們的罪與一時的過犯所支配。這時我們就需要借助於別人的眼光來審視自己，需要別人指出我們長期的成長、隨時的信靠以及聖靈所結出的果子，而這些我們自己通常無法看出來。

我信了嗎？你呢？太多的基督徒試圖靠自己活出基督徒的生命。太多的教會奉行一種膚淺的、以消費者為導向的基督信仰，讓信徒不得不孤單摸索、不知如何回答這個問題。因此，當為健康的地方教會讚美神，因為若單靠一己之力誰也不能回答這個問題。你我都需要知道，自己是真的相信還是在自欺欺人。而這就意味著，我們都需要教會。

第八章

恩慈，而非謹慎

教會過度追求純潔的危險

有兩位著名詩人對人類互動的本質進行了反思：

> 「沒有人是孤島，人人都是大陸之土，人人都
> 是其中一角。」
>
> ——約翰·多恩（John Donne）（1624）
>
> 「我是一片礁石，我是一座孤島，石頭不傷
> 痛，孤島甭哭泣。」
>
> ——保羅·西蒙（Paul Simon）（1965）

這兩位詩人所描述的情景表明，在我們生命中存在著一種巨大的情感張力。我們被造是為了過群體生活，任何人都無法獨自生存。然而，進入群體就意味著有風險——承受被拒絕與被排斥的巨大痛苦。畢竟，讓自己成為一個孤島可能更容易一些。

　　這種張力最早出現在我們的中小學和運動隊裏，在大學裏會變得更嚴重。在工作中，這種張力更像是高中時代的小圈子，將人們分為圈內人圈外人，儘管我們都不願意承認這一點。我們似乎永遠都無法擺脫這種渴求或疑問：我屬於這裏嗎？

　　教會也是一樣。人們會自問：我屬於這個教會嗎？我們在福音中認識到，神藉著耶穌基督接納了我。但是神的子民們呢？他們會接納我嗎？

定義問題

　　許多基督徒初次走進一間教會的時候，都會帶著一個問題：「我適合這裏嗎？」得知這個情況後，許多教會都圍繞著能讓目標受眾感到賓至如歸來組織服侍，比如按種族、教育程度、社會經濟狀況、年齡或文化水平等等來服侍他們。

　　這種想讓教會生活受人歡迎且易於參與的做法值得稱道，但也存在一個問題。一方面，似乎沒有人願意針對那些令人厭惡的、不受歡迎的、不瞭解的人開展事工。此外，我們當如何看待雅各對偏心待人者的警告（參見雅2:1-5）呢？倘若我們的目標是教會成長和傳揚福音，這些方法到底適不適用？

　　非基督徒不會問「我適合這裏嗎」這類問題，世界上有的是適合他們的地方。相反，他們對真正的共同體的理念很感興

趣，因為他們也需要歸屬感。實際上，的確存在這樣一套事工理念，鼓勵牧師們在非基督徒信主之前先讓其在群體中有歸屬感，以此來吸引他們信主。這種理念認為，一旦非基督徒們在教會中找到了有意義的團體，就更有可能成為信徒。

這種做法在今天十分普遍，但其實並沒有「先歸屬再相信」這回事。成為屬神的子民是指，因為相信主耶穌基督，我們脫離了黑暗的權勢，被遷到祂愛子的國裏（參見西1:12-13）。我們是因為先相信了基督，才屬於基督，而不是相反。

消費型信徒或者慕道友不會問自己「我歸屬於這裏嗎」，心存疑惑的人才會問這個問題。在上一章中，我們看到教會是神的恩賜，為要使我們確信自己是真信徒。但我們應當在何處為教會設立界限呢？我們來思考兩個可能的答案。

我屬於教會是因為我聖潔？

在上一章中，我們強調了外部證據在給彼此提供信仰確據方面所發揮的作用。根據聖經的教導，我們應該只接受真正的歸信者成為教會成員，從而為他們的信仰提供確據。而一旦我們接受了上述教導，馬上就會面臨著一種矯枉過正的危險。我們知道，應該尋找歸信者熱愛神的真理、遠離罪惡、願意順服神的證據。但是個人的道德與教義要達到怎樣

的聖潔程度才算合格？低於什麼程度就太低呢？我們很容易
就變得謹小慎微——也就是說，無論是在個人還是團體層
面，對於那些不符合我們標準的人，我們都心存疑慮，不願
意接納其為教會成員。

　　這正是非基督徒對我們的擔心：我們自認為比他們更好；
屬於某個教會意味著我們是一個好人，一個在生活、政見和衣
著方面都「正確」的好人。

　　當我們按照自己所定的聖潔標準謹慎決定是否接納他人
為教會成員時，便成為了法利賽人。這是基要主義者常犯的錯
誤，也是所有保守的、以神學為思考取向的教會所面臨的危
險。耶穌從未因法利賽人的聖潔而譴責他們，他譴責的是，他
們將聖潔降格為自己可以達到的外在行為清單，然後再根據他
們自己的標準來論斷其他人。

　　不管你如何定義，如果聖潔是一個人判斷自己是否歸屬於
教會的標準，那麼教會該如何判定某人是否歸屬教會呢？聖潔
到什麼程度才夠格呢？

我屬於教會是因為我有盼望？

　　在《哥林多前書》第1章中，對於上述問題，保羅為我們
提供了一個更好的答案。

> 我常為你們感謝我的神，因神在基督耶穌裏所賜
> 給你們的恩惠；又因你們在他裏面凡事富足，口才、
> 知識都全備，正如我為基督作的見證，在你們心裏得
> 以堅固，以致你們在恩賜上沒有一樣不及人的，等候
> 我們的主耶穌基督顯現。他也必堅固你們到底，叫你
> 們在我們主耶穌基督的日子無可責備。　（林前1:4-8）

保羅的稱讚值得我們思考。他感謝神賜給哥林多人的恩典，為他們的口才與知識都全備而感到高興，他肯定他們擁有基督的見證，他還說他們不會缺少任何恩賜，因為他們在耐心等候主再來的日子。這封書信的前幾節經文聽起來似乎與我們上一章中思考的《帖撒羅尼迦前書》的開頭一樣，積極而振奮人心。

然而，這是保羅寫給哥林多人的這封書信中僅有的稱許之詞。接下來他話鋒一轉，在第3章的開頭稱他們是「嬰孩」、「屬肉體的」和未成熟而「不能吃飯的」（1-3節）。但那些開場白非常重要，因為它讓我們看見保羅對哥林多人的恩慈。他們歸屬於教會，不是因為他們在聖潔方面的成熟和完全，而是因為他們在耶穌基督裏的盼望，這種盼望正在重新確定他們生活的方向。

當我們心懷恩慈而不是謹小慎微時會怎麼樣呢？通過《哥林多前書》餘下的內容，我想要指出五個令人意想不到的群

體，他們歸屬於教會，僅僅因為對耶穌基督心懷盼望。

不成熟的人

在第3章中，保羅將哥林多信徒稱為「基督裏的嬰孩」。他們的教義出現了偏差，從他們對教會本質和成長的理解（3章），到他們的敬拜神學（14章），再到對將來的復活（15章）的認知，他們還有許多的東西需要學習。他們的無知引起了教會的紛爭和結黨，爭戰一觸即發！然而，不僅僅是教義，他們對基督徒生活的理解也不成熟。他們困惑於能否吃祭了偶像的食物（8章），對婚姻和獨身的看法也很扭曲（7章）。然而，儘管有著諸多不成熟的表現，保羅仍稱他們為「弟兄們」，並斷定他們是「在基督裏」。

今日我們某些教會面臨的問題與上述問題如出一轍。我們的教會應該關注正確的教義和生活方式。但無論是較為自由的宗派，還是致力於恢複合乎聖經基督教信仰的教會，我們能否做到以恩慈對待那些還未達到我們成熟標準的人呢？在我們的保守派教會裏，能否為那些不成熟的人保留一席之地？

有性格缺陷的人

另一個歸屬基督的群體是有缺陷的人。這不是保羅說的，

而是以利亞撒‧薩維奇（Eleazer Savage）說的，他是19世紀初康涅狄格州北方浸信會的一位牧師，他用這個詞來形容那些不得不忍受的基督徒。他把急躁易怒的人、喋喋不休的人、冒失莽撞的人、懶惰的人和自私小氣的人等，包括在這一類人中。[1]

　　這樣的人也可以歸入不成熟之人的範疇，但區別在於，無論他們在其他方面變得多麼成熟，他們某些方面的性格缺陷可能永遠都改變不了。在《哥林多前書》第1章和第3章中，我們看到這些人陷入無聊的爭吵和愚蠢的結黨中。在第14章中，我們看到他們喋喋不休，不容別人插上一句話。在第12章中，我們看到他們驕傲地高舉自己的恩賜。然而，儘管保羅批評了這些品格方面的缺陷，但他還是對他們說：「你們就是基督的身子，並且各自作肢體。」（林前12:27）每個人都有性格瑕疵，它使我們軟弱無力，而且可能伴隨我們一生。我們當彼此忍耐，因為人若仰望基督，就屬乎基督。

軟弱的人

　　顯然，儘管哥林多人已經歸向基督，但他們仍在與罪持

---

[1]　Eleazar Savage, *Manual of Church Discipline* (1863), 出自狄馬可所編輯的 *Polity: Biblical Arguments on How to Conduct Church Life* (Washington, DC: Center for Church Reform, 2001), 487.

續地爭戰，而且這些罪還不是普通的罪。保羅要處理的是淫亂（6章）、違背聖經原則的離婚（7章）以及醉酒（11章）等行為。保羅並未默許或輕忽這些罪，也沒有諱疾忌醫，他吩咐哥林多人說：「你們要逃避淫行。」（林前6:18）但與此同時，他用一個反問句來肯定他們的信心：「豈不知你們的身子就是聖靈的殿嗎？這聖靈是從神而來，住在你們裏頭的……」（林前6:19）換句話說，保羅知道真正的基督徒在肉體上仍然是軟弱的，並且持續地與罪爭戰。但是他向他們展現出恩慈，因為這種爭戰證明了他們心中有盼望。

　　幾年前，我曾輔導過一個年輕人，這個年輕人在嚴重的淫亂行為中苦苦掙扎，甚至還去嫖娼。這實在是令人心碎。有好幾次，教會的長老們經過認真考慮準備要對他執行教會紀律。但讓我們收回決定的原因是，他確實在努力與罪爭戰。每一次犯罪之後，他都會來找我們認罪，並邀請我們進一步介入他的生活。其實對他來說，向我們隱瞞罪行和撒謊是很容易的，但是他並沒有這樣做。因此，教會陪伴著這個軟弱、掙扎的弟兄同行。我們沒有說「你不屬於教會」，而是說「我們將在你的軟弱和掙扎中與你同行」。

　　隱瞞或撒謊的假冒偽善之人，雖然外表看起來光鮮亮麗，卻沒有基督裏的盼望。而一個人能夠公開而誠實地說出他的掙扎，表明他真正的盼望是在基督裏。

受傷害的人

我們在罪中苦苦掙扎，不僅如此，被冒犯時我們還會以惡報惡。為防止受到進一步傷害，在痛苦中的我們會反唇相譏。我們會用其他的罪來麻痺傷痛，卻沒有用福音的膏油來醫治它。這也許就是《哥林多前書》第6章所描述的部分場景。保羅斥責哥林多人，是因為「弟兄與弟兄告狀，而且告在不信主的人面前」（第6節）。畢竟所有人都明白，進攻就是最好的防禦，所以當有人起訴你時，你當然要反過來告他。

但是保羅回答說：「為什麼不情願受欺呢？為什麼不情願吃虧呢？」（第7節）他呼籲哥林多人要用恩典來回應侮辱，用寬恕和愛來回應攻擊。這並不是說我們被人虐待時應屈從，而是說當我們被人冒犯時，決定我們回應方式的是福音，而不是痛苦。但請再次注意，保羅仍然稱他們為「弟兄們」。

邪惡的人

保羅說有一類人不屬於教會，他也不寬容他們的惡。這類人就是邪惡的人或不悔改的人。保羅並非不愛這些人，只是他們當受到嚴厲的對待。因此，在《哥林多前書》5章中，他呼籲教會「你們應當把那惡人從你們中間趕出去」（13節）。由於此人犯下了重大的罪且不願悔改，教會不再承認他為弟兄。

　　但隨後發生的事情令人驚訝不已。在《哥林多後書》第2章中，保羅吩咐教會：「這樣的人受了眾人的責罰也就夠了，倒不如赦免他，安慰他，免得他憂愁太過，甚至沉淪了。」（林後2:6-7）許多人認為此人與《哥林多前書》第5章中說的那人是同一人。看上去他已經在痛苦中悔改了，因此保羅告訴教會要挽回他，赦免並安慰他，讓他知道自己仍屬於教會。對於那些悔改並對基督心懷盼望的人來說，沒有哪種罪如此醜惡，也沒有什麼個人的經歷如此令人反感，以至於耶穌基督的恩典也無法赦免。如果基督不拒絕已經悔改的凶手、同性戀或虐童者，我們能拒絕嗎？

　　事實上，我們每一個人都有上述問題。你的教義或生活方式是否並不成熟？你是否有什麼性格缺陷是別人不得不忍受的？你是否與罪爭戰，是否被人冒犯？你是否因為犯罪而蒙受羞恥？無論你屬於哪一類人，只要你將盼望放在基督裏，那麼你就歸屬於祂的教會。

　　在基督裏有盼望體現於你成長的軌跡，而不是已經得到的成果；它體現在樂於受教，而不是覺得已經懂得一切；它是與罪的爭戰，而不是錫安山的安逸無憂（參見摩6:1）；它讓人帶著爭戰的傷口跟蹌而行，也讓我們持守這樣一句可信賴的應許：「『基督耶穌降世，為要拯救罪人。』這話是可信的，是十分可佩服的。在罪人中我是個罪魁。」（提前1:15）沒有一

種羞辱不能被基督在十字架上所受的羞辱所遮蓋，以致被救贖得著永遠的榮耀。

保羅稱哥林多人為「嬰孩、不成熟的、不屬靈的」。儘管他並沒有為此拒絕他們，但也不希望他們一直停留在這種狀態裏。他呼籲他們要成長，而且是在教會的團體中成長，因為教會是一所信心的學校，而不是信仰的名人堂。為改變這種狀況，如果教會是神的葡萄園，我們不要像檢查員去查核這裡有沒有結果子，而要成為園丁，彼此合作，共同觀看園中所結信心的果子。

這會是什麼樣子的呢？我所在的教會是這樣做的：通過洗禮宣稱相信福音，清楚表達在福音裏的盼望，認同我們教會關於信仰和治理方式的基本聲明，並見證自己渴望在基督的盼望中成長。如果一個人滿足上述條件，就歸屬於教會。

多年前，我與一對剛訂婚的年輕夫婦進行成員資格面談。女方從小在教會長大，她的信仰故事和答案都如教科書一般完美，而男方則剛剛擺脫了毒癮和不道德的生活方式，他的回答充其量算是真誠。然而，在面談結束後，他身上仍然閃爍著屬靈生命的火花，而她卻無動於衷。我們接納了他們倆為教會成員。他們的訂婚期很長，我為他們做了婚前輔導。最後，我把那位男士拉到一邊，私下裏勸告他不要結婚。女方是我們教會的成員，表現一直中規中矩，但我卻比以往任何時候都確定，

她的靈是死的，而且是死在自己的罪中。但最終他倆還是結婚了。此後多年，教會一直陪伴著他們夫婦倆，事實證明這段婚姻異常艱難。男方逐漸成長為一名真正的基督徒，而女方卻沒有。最終因為女方的離開，他們的婚姻以心碎和離婚告終，他們也都搬離了這個地區。

　　問題來了。幾年前我們接納她為教會成員是否犯了一個錯誤？我不這樣麼認為。單靠人全部的直覺，我們無法洞悉人的內心。出於恩慈，我們會說「你歸屬於教會」；出於恩慈，我們會與她同行，與她同擔重擔，並柔聲呼喚她過信心的生活。如果事情重來一次，我還是會做出同樣的決定。教會不是為那些已經到達天堂的人預備的，而是為那些以天堂為盼望的人預備的。有些人的盼望最終被證明是假的，但是也有些人，就是那些軟弱的、受傷的、生病的和痛苦的人，他們的盼望卻是真實的。基督正是為我們這等人而死，也為我們建立了教會，這樣我們就可以像保羅在給哥林多人的信的末尾所描述的那樣「堅守真道，作勇敢堅強的人，憑恩慈行一切的事」，這正是愛這個詞歷久彌新的說法。[2]

---

② 　《哥林多前書》第 16 章 13-14 節，作者的翻譯。

結　論

當我從美國東海岸搬到西海岸時，我便邁入了「沮喪的選民」行列。西海岸包含了美國人口最多的州，但每次輪到西海岸總統選舉投票的時候，東海岸及中西部各州的投票都已經完成，選舉結果已經明朗。可如果選舉的大局已定，那我們投票還有意義嗎？

在教會生活中，我們的歸信教義可能會引發同樣的疑問：如果歸信是神的工作，而且祂擁有救恩的至高主權，那麼我們如何在生活中一起踐行歸信教義真的重要嗎？如果我們無論做什麼都不會影響到神揀選的人得救，那麼我們如何傳福音、如何提供確據真的重要嗎？如果結果已經確定，我們的行動在某種意義上豈不就相當於在選舉那日的西海岸？

縱觀當今美國保守的、改革宗福音派眾教會，教義似乎顯得無關緊要。從傳福音到敬拜再到教會成員制（或者不建立成員制），我們在一切事上的指導原則似乎變成了實用主義，而非神學。我們追求一切看似有用的做法，即便它們與我們教導的人如何出死入生的教義互相矛盾。

　　然而，事實上我們的歸信教義非常重要。在公元一世紀，彼得寫信給分散在現今土耳其境內的眾教會，這些教會由於與周圍的文化格格不入而倍感受壓。這種情形與我們今天的處境大同小異。面對向實用主義妥協的誘惑，彼得寫信鼓勵他們持守對神的忠心。在討論了他們的得救與生活之後，彼得得出以下結論：

　　　惟有你們是被揀選的族類，是有君尊的祭司，是聖潔的國度，是屬神的子民，要叫你們宣揚那召你們出黑暗入奇妙光明者的美德。

　　　你們從前算不得子民，

　　　現在卻作了神的子民；

　　　從前未曾蒙憐恤，

　　　現在卻蒙了憐恤。

　　　親愛的弟兄啊，你們是客旅，是寄居的。我勸你們要禁戒肉體的私慾；這私慾是與靈魂爭戰的。你們在外邦人中，應當品行端正，叫那些毀謗你們是作惡的，因看見你們的好行為，便在鑒察的日子歸榮耀給神。（彼前2:9-12）

　　在本章中，我們將從三個方面論述歸信神學之所以重要的原因。

120

它對神很重要

首先，彼得指出了神的作為：神揀選了我們，成為我們的主，使我們成為祂的子民，以恩慈待我們，呼召我們脫離黑暗進入祂的奇妙光明中。這可不像是我叫孩子們過來吃晚飯，當然更不像叫他們做家務。我不能確定他們會不會回應我，因為我的呼喚只是一個請求或邀請，他們可接受也可拒絕。而神的呼召是一種旨在達成祂旨意的召喚。

神藉著基督的死和復活成就了救贖我們的大工，並藉著主權的救贖呼召，將救恩賜給我們。祂開通我們的耳朵來聽到這呼召，賜給我們一顆新心來回應這呼召。祂賜給我們悔改與信心的雙重恩典，使我們可以緊緊抓住這呼召所傳遞出來的救恩。

那麼，為什麼我們的歸信神學很重要呢？彼得回答說：「要叫你們宣揚那召你們出黑暗、入奇妙光明者的美德。」可見它對於神來說很重要。我們會習慣性地將這裏的「你」理解為一個人。但事實並非如此，它在原文中是指「你們」。彼得寫信的對象是教會，而不是個人。為了更好地理解彼得的意思，我們需要將這節經文翻譯成美國南部英語：「so that y' all may proclaim the excellencies of him who called y' all（譯文：叫你們這所有蒙召的人都可以宣揚他的一切美德）。」

神希望你個人讚美祂的救恩。但同時，因為耶穌不僅為你而死，還為所有神的子民而死，所以神也希望聽到祂子民集體

的讚美。當你在電視上看到自己喜歡的球隊贏得比賽時，你可能會在客廳裏大聲歡呼。然而在球隊比賽的現場，歡呼聲要大得多。神的心意是要聽到神子民作為團體的讚美之聲。

這樣的場景終將出現在最後的審判大日，但我們可以在地方教會中預先看見。因此每個禮拜天前來聚會的人唱詩讚美神非常重要。人們可能會享受到敬拜帶來的友誼或益處，但他們不用重生就能做到。然而，地方教會若要真實地讚美神，就需要那些實際經歷過神救恩的人。

地方教會的敬拜並不是一項理性的儀式，而是在讚美神在我們生命中的一切作為。這就是為什麼並不存在所謂的「先歸屬再相信」的原因。在相信神之前，人們可以出席或參與教會的活動，但卻不可能歸屬於教會，因為神希望歸屬的目的是讚美，而我們不能為自己沒有經歷過的事讚美祂。

我最近與一位牧師交談，他所在的教會聘請了一位顧問，來幫助他們的教會實現人數增長。這位顧問說他們把教會目的弄錯了。他告訴他們，教會的存在不是為了信徒，而是為了非信徒，因此他們需要改變以往的做法，要讓教會變得對非信徒更具吸引力——說白了，就是要安排更多的娛樂活動。從某種意義上說，這位顧問是對的：如果教會目標是吸引更多的人來，娛樂活動自然是管用的。但這並不是神對教會的目的，神要的是那些知道自己蒙神憐憫的子民來讚美祂。

一群人組成的教會與一群信徒組成的教會二者的區別在於：前者想要娛樂，後者熱愛神並忠於祂；前者是宗教體驗的消費者，後者是稱頌被釘十字架的基督之榮耀的人。

歸信神學很重要，因為它重新界定了我們對於聚會目的以及成員制之意義的理解。如果我們的教會充斥著非信徒，那麼神就會失去祂所渴望的和應得的讚美。

它對我們很重要

其次，歸信的教義對我們而言很重要。彼得提醒我們說，我們是「客旅」和「寄居的」，要禁戒肉體的私慾，這私慾是「與靈魂爭戰的」。

對於一個基督徒來說，心裏的罪疚感已經被除去了，罪的權勢也已經被打破了。但是罪依然存在著，而且它的危險不可小覷——它試圖治死我們。正如一位清教徒所說的：「要治死罪，否則罪就會治死你。」①這裏再次強調了歸信神學對於我

---

① John Owen, *Of the Mortification of Sin in Believers; the Necessity, Nature, and Means of it: with a Resolution of Sundry Cases of Conscience thereunto belonging, in The Works of John Owen*, ed. William H. Goold, vol. 6 (Edinburgh: Banner of Truth Trust, 1967), 9. 中譯本參考：歐文，《治死信徒身上的罪》，美國麥種傳道會，2019 年出版。

們教會生活的重要性。與罪爭戰是我們真正歸信的確據，而我
們不是在孤軍奮戰的事實也會讓一切變得完全不同。如果我們
不知道自己是否置身戰場或者根本沒有參與爭戰，就無法在這
場爭戰中互相幫助。

在爭戰中，我們需要彼此的幫助。我們需要成熟肢體的幫
助，他們瞭解爭戰的艱辛，知道如何幫助和鼓勵我們，也深知
在信心中彼此勸勉是一件生死攸關的大事，因為審判的日子臨
近了（來10:25）。與罪爭戰是多麼容易令人沮喪和困惑啊！只
要環顧左右，就會發現我們的肢體不是站在一邊袖手旁觀，就
是與仇敵結交！

我曾經認識一位基督徒領袖，他是一位極有恩賜的咨詢
師。人們會帶著各種問題來找他，如婚姻破裂、家庭衝突、焦
慮和憂鬱等等。幾乎所有人離開時，都能從他的智慧和咨詢中
受益良多，只有一個群體除外——年輕的同性戀者。當這類人
來到他的辦公室時，他會教他們謹慎對待自己的性取向，以及
可以在何處與其他年輕人安全地幽會。原來，這位領袖也經歷
過同性間的吸引，但他在這場爭戰中束手就擒，最終完全放棄
了信仰。我們也不知道他勸阻了多少年輕人，不必花力氣向靈
魂與罪的掙扎交戰。

我有一位大學時代的朋友，她發現自己的婚姻瀕臨破裂，
因為她的丈夫離開她找了另一個女人。於是她向教會的領袖們

尋求幫助，但他們告訴她愛莫能助。不久以後，她所在的這間福音派教會竟歡迎她的前夫攜其再婚的妻子加入教會。而她的靈魂從此陷入沉沉暗夜，許多年後才得以恢複。在這個教會中，有多少受淫亂試探的配偶在靈魂與罪的交戰中得到過幫助呢？

歸信神學對於教會的門徒訓練、聖經輔導乃至教會紀律而言至關重要，因為罪依然存在，而我們都是負傷的前行者。教會裏充滿了與我們並肩作戰的人，大家都需要彼此援助。

它對世人很重要

第三，歸信教義對於世人也極其重要。世人觀察我們的教會，可以確信有一位神，並且有改變的盼望。彼得深知，當世人看到我們的「端正」的品行和「好行為」時，他們可能「毀謗」我們，但也會「歸榮耀給神」。

彼得説，這種情形將在「鑒察的日子」發生。有人認為「鑒察的日子」這個短語是指審判之日。但是我並不認為彼得指的是這個意思。在整本聖經中，神鑒察的日子就是指祂施行拯救的日子，而我們因信神而榮耀了祂。[2]

---

② Thomas R. Schreiner, *1, 2 Peter, Jude,* The New American Commentary, vol. 37 (Nashville, TN: Broadman & Holman, 2003), 124.

　　如果世人觀察教會時，只能看到教會裏充斥著大量的宗教言論，那麼他們怎麼能夠相信有一位神可以為他們帶來不一樣的盼望？如果他們看到教會在裝腔作勢、弄虛作假，就會認為這只不過是騙人的把戲。但是，如果他們看到人的生命已經或者正在發生改變，那麼根據彼得的教導，一些外邦人會成為基督徒，在鑒察的日子歸榮耀給神。

　　幾年前，一位年長的老先生前來我們教會參加聚會。由於我們教會基本上是年輕人，所以他很自然地處在這個共同體的邊緣地帶。但是他沒有離開，而是留意觀察和聆聽。慢慢地，他認識了我們許多人。時候到了，他歸信了基督。在作洗禮見證時，他解釋了留下來的原因。原來他是一名精神科醫生，也是一位大學教授。他所有的受訓經歷都告訴他，他在教會裏看到的東西原本是不可能發生的：跨越了天然障礙的真正團體、真正的改變而非只是治療性調整的結果、對他人捨己的愛而非出於交易的目的。他意識到，唯一可以解釋所見之事的是：神是真實存在的，耶穌基督的福音是真實的。

　　神向世人傳福音的計劃正是通過地方教會完成的。各處的地方教會是神向世人提供的耶穌已從死裏復活的確據。我們真心歸信的生命，真實可靠的基督徒共同體，仰望恩典而不是依賴於技巧，就是神面對不信之人所作的自我辯護。這就是為什麼歸信神學和由此產生的生活實踐對世人至關重要的原因。如

果世人沒有在我們身上看到這個真理，那麼他們還能在哪裏看到呢？

　　揀選在於神，拯救在於神，歸信是神的工作。然而祂也使用各種方法來成就祂預定的目標，其中一個方法就是通過地方教會。我們用話語見證福音，並用活出來的生命證明了這些話是可信的。對神、對我們自己、對世人來說，我們正確理解這一教義，並在教會生活中忠心地付諸實踐，至關重要。

經文索引

歸　信

4:20	20，54
5:1	49
1:6-7	49
5:2-3	49
1:9	49
1:7,10	49
4:7-12	73

你的教會健康嗎？

使命：

　　九標誌事工存在的目的是為了用聖經視野和實用資源裝備教會領袖，進而通過健康的教會向世界彰顯神的榮耀。

　　為此，我們希望幫助教會在常常被忽略的、但卻是健康教會當有的九個標誌上成長：

I.　　解經式講道

II.　　福音教義

III.　基於聖經理解歸信和傳福音

IV.　合乎聖經的教會成員制

V.　　合乎聖經的教會紀律

VI.　關注合乎聖經的門訓和成長

VII.　合乎聖經的教會帶領

VIII.基於聖經理解和實踐禱告

IX.　基於聖經理解和實踐宣教

　　在九標誌事工網站，我們會發表文章、書籍、書評和電子期刊。我們同時也舉辦大會、訪談教會領袖，和提供其他資源來裝備教會以彰顯神的榮耀。

　　您可以訪問我們的中文網站（https://tc.9marks.org/）來獲取更多的資源。

九標誌已經翻譯出版的「建造健康教會」系列書籍有：

《教會成員制》（*Church Membership*），約拿單・李曼（Jonathan Leeman）著，2014。

《解經式講道》（*Expositional Preaching*），大衛・赫爾姆（David Helm）著，2015。

《教會紀律》（*Church Discipline*），約拿單・李曼（Jonathan Leeman）著，2015。

《長老職分》（*Church Elders*），傑拉米・萊尼（Jeramie Rinne）著，2015。

《門徒訓練》（*Discipling*），狄馬可（Mark Dever）著，2017。

《福音佈道》（*Evangelism*），J. 史麥克（J. Mack Stiles）著，2018。

《福音》（*The Gospel*），雷・奧特倫（Ray Ortlund）著，2019。

《純正教義》（*Sound Doctrine*），鮑比・傑米森（Bobby Jamieson）著，2019。

《禱告》（*Prayer*），約翰・翁武切庫（John Onwuchekwa）著，2020。

《宣教》（*Missions*），安迪・詹森（Andy Johnson）著，2020。

《圣经神学》（Biblical Theology），尼克・羅克（Nick Roark）與羅伯特・克萊恩（Robert Cline）合著，2020。

《歸信：神如何招聚他的百姓》（Conversion），邁克尔・勞倫斯（Michael Lawrence）著，2020。

九標誌已經翻譯出版的其他九標誌書籍有：

《健康的教會成員》（*What Is a Healthy Church Member?*），
安泰博（Thabiti M. Anyabwile）著，2014。

《健康教會的九個標誌‧學習手冊》（*Nine Marks of a Healthy Church Booklet*），狄馬可（Mark Dever）著，2014。

《神榮耀的彰顯：會眾制教會治理》（*A Display of God's Glory: Basics of Church Structure*），狄馬可（Mark Dever）著，2014。

《福音真義》（*What Is the Gospel?*），紀格睿（Greg Gilbert）著，2015。

《憑誰權柄：浸信會中的長老》（*By Whose Authority? Elders in Baptist Life*），狄馬可（Mark Dever）著，2015。

《何謂健康教會》（*What Is a Healthy Church?*），狄馬可（Mark Dever）著，2015。

《耶穌是誰》（*Who Is Jesus?*），紀格睿（Greg Gilbert）著，2016。

《福音信息與個人佈道》（*The Gospel and Personal Evangelism*），狄馬可（Mark Dever）著，2016。

《我真是基督徒嗎？》（*Am I Really a Christian?*），邁克‧麥金利（Mike McKinley）著，2016。

《教會》（*The Church*），狄馬可（Mark Dever）著，2017。

《教會生活中的長老》（*Elders in the Life of the Church*），
費爾‧牛頓（Phil. A. Newton）與馬太‧舒馬克（Matt Schmucker）

合著，2017。

《迷人的共同體》（*The Compelling Community*），狄馬可（Mark Dever）與鄧潔明（Jamie Dunlop）合著，2018。

《牧師的輔導事工》（*The Pastor and Counseling*），傑里米・皮埃爾（Jeremy Pierre）與迪帕克・瑞吉（Deepak Reju）合著，2018。

《尋找忠心的長老和執事》（*Finding Faithful Elders and Deacons*），安泰博（Thabiti M. Anyabwile）著，2018。

《為何相信聖經》（*Why Trust the Bible?*），紀格睿（Greg Gilbert）著，2018。

《以聖道為中心的教會》（*Word-Centered Church*），約拿單・李曼（Jonathan Leeman）著，2019。

《什麼是教會的使命?》（*What Is the Mission of the Church?*），凱文・德揚（Kevin DeYoung）與紀格睿（Greg Gilbert）合著，2019。

《艱難之地的教會》（*Church in Hard Places*），麥茨・麥可尼（MezMcConnell）與邁克・麥金利（Mike McKinley）合著，2019。

九標誌已經翻譯的合作夥伴書籍有：

《豎起你的耳朵來：實用聽道指南》（*Listen Up! A Practical Guide to Listening to Sermons*），克里斯托弗・艾許（Christopher Ash）著，2015。

《以基督為中心的婚禮》（*A Christ-Centered Wedding: Rejoicing in the Gospel on Your Big Day*），凱瑟琳・帕克斯（Catherine Parks）與琳達・斯特羅德（Linda Strode）合著，2016。

《家庭敬拜》（*Family Worship*），唐・惠特尼（Donald S. Whitney）著，2018。

其他機構出版的九標誌中文書籍有：

《健康教會九標誌》（*Nine Marks of a Healthy Church*），狄馬可（Mark Dever）著，美國麥種傳道會，2009。

《深思熟慮的教會》（*The Deliberate Church*），狄馬可（Mark Dever）與亞保羅（Paul Alexander）合著，美國麥種傳道會，2011。

《聖經神學與教會生活》（*Biblical Theology in the Life of the Church*），邁克・勞倫斯（Michael Lawrence）著，中華三一出版有限公司，2018。

www.ingramcontent.com/pod-product-compliance
Lightning Source LLC
Chambersburg PA
CBHW030920140626
46545CB00016B/2156